苫米地英人コレクション

06

「生」と「死」の取り扱い説明書

苫米地英人

はじめに

あなたは、いつか、必ず、死にます。

ある時、あなたの心臓は停止し、身体中の細胞は活動を終えます。避けられるものなら避けたいと願っても無駄です。万人に等しく死は訪れるのですから。しかし、あなたは自分の死を体感することはできません。他人の死を傍観するだけです。

では、あなたは死とどのように向き合っていけばいいのでしょう。死をどのように考えていけばいいのでしょうか。それらについて考えていこうというのが、本書の目的です。

宗教的な考え方はもちろん、東洋思想（釈迦の教え）、機能脳科学、さらには宇宙物理学、量子論などさまざまな考え方を駆使して死について考察を加えていきます。

これまで、人は「死の恐怖」とさまざまな形で向き合ってきました。闘ってきたと言ってもいいかもしれません。

本書は、「死の恐怖」との向き合い方、克服法について考えていきます。一体「死の恐怖」とは何なのでしょうか。私たちは、恐怖を感じようにも死ねば意識そのものがなくなるとわかっているのに、なぜ、死に対して怯えるのでしょうか。

自分がこの世から消えてなくなる――。

どうやら、この「自己喪失感」が「死の恐怖」の正体のようです。この「自己喪失感」を分析してみると、一つは「自分という存在そのものが消えてなくなること」、もう一つは「自分という存在の価値がこの世から消えてしまうこと」、この二つがあることがわかります。

つまり、この二つとどう向き合うかを考えていくのが、本書の大きなテーマとなります。

第一章では、死の専門家とも言える「宗教」について、その性質や死とのかかわり方を見ていきます。第二章では、死とはそもそも何なのか、その本質を探ります。第三章では、死を見つめるうえで前提となる「自分」と「宇宙」について考えます。第四章では、死を恐れる「恐怖心」について考え、恐怖心そのもののコントロール法まで見ていきます。そして、第五章では、死を通して「生きる」ことについて考えます。

人類がこれまで歩んできた道を第一章で概観し、第二章で「死の正体」を明かし、第三章で「自分という存在が消えること」について考え、第四章で「恐怖」という、冷静な思考を妨げる要因を取り除き、第五章で「自分という存在の価値」を考えつつ、「生きるとは何か」を探っていくという流れです。

ところで、私をご存じの読者のみなさんは、私を脳の専門家と思われていると思います。もちろん、それは正しいのですが、その脳の専門家がなぜ死を考える本を書くのかと疑問に思われるかもしれません。

実は私は日本仏教で長く僧籍を持っています。また、チベットやスリランカなどの仏教とも交流を続けており、カギュー派傳法大阿闍梨《でんぼうだいあじゃり》でもあります。二〇一〇年三月には、チベット仏教ゲルグ派傳法大阿闍梨の号も授かりました（ちなみに、ダライ・ラマの宗派がゲルグ派です）。私は、葬式仏教などと揶揄《やゆ》される日本仏教の誤解を解き、釈迦の考え方を研究し、世界の人々が幸福に暮らすために何ができるかを常に追究しています。

そのためこれまで多くの仏典、経典を読んできました。そうして死を捉《とら》え直すうちに、私の専門である機能脳科学や物理学、量子論などがたどりついた最先端の知見と、釈迦の思想が見事に符号していることに気がつきました。科学と宗教の両方を俯瞰する視点で死を考えること、これは私にしかできない試みと思い、本書を執筆することにしたのです。

死を考えることは生を考えることです。生なくして死はあり得ません。読者のみなさんは、本書を通して**死を考えることで、明日からの生き方が劇的に変わることを実感されるはずです**。それは、死への恐怖や不安を克服するというだけではありません。人生に輝きが生まれ、生きる価値を見いだし、ポジティブな思考を手に入れることができるのです。

死を考えるだけでどうしてそんなことが起こるのか。その答えはもうすぐわかります。

「生」と「死」の取り扱い説明書／目次

第3章 「自分」とは何か

第4章 「死」の恐怖を克服する

第5章 「生きる」とは何か

特別付録

第1章

宗教は「死」の専門家

真理を否定した仏教

「死」とは何か。

この問いに対して、古今東西、多くの人たちが答えを求めて思考を重ね、さまざまな解答を出してきました。その多くが「宗教」という形になって、現在でも残っています。現代において、生と死を考えない宗教はまずあり得ません。その意味で、宗教は死の専門家なのです。

まずは、宗教がどのように死を捉えているのかについて見ていくことにしましょう。

キリスト教、イスラム教、仏教が世界三大宗教などと言われていますが、キリスト教とイスラム教は、ユダヤ教から派生したと言ってもいいほど強い影響を受けています。ユダヤ教の神の概念が西洋型宗教における神の概念の基盤となっています。

基本は絶対的な唯一神による魂の救済という考え方です。単純に言ってしまえば、生前、良い行い（何が良い行いかは宗派で異なりますが）をすれば、死後、天国に行くことができたり、永遠の命を得られたりするといったものでしょう。

インドのバラモン教や中国の儒教（道教）もこれらに近い考え方になっています。バラモン教などは、死生観のみならず、キリスト教のカトリックの教義に似ている点が多数見受けられます。

これに対して、仏教は、と言うよりも釈迦の教えは、バラモン教を徹底的に否定するところから始まっています。絶対的な神も否定していますし、何の前提もなしに存在する「もの」（アプリオリなもの）も否定しています。死生観で言えば、死後の世界とか生まれ変わりといった考え方も否定しています。

もしかすると、ここで、不思議に思う読者もいるかもしれません。「仏教にも地獄とか極楽といった死後の世界があるし、輪廻転生《りんねてんしょう》という生まれ変わりの考え方がある。そもそも仏様は唯一神のような存在ではないのか」という声が聞こえてきそうです。

実は、これらは釈迦の教えではありません。後世の人が解釈して付け加えたものなのです。先ほど「仏教は、と言うよりも釈迦の教えは」と表現したのはそういう意味です。現在、多くの人が知っている仏教の姿は、釈迦の教えとはかなりかけ離れたもので、ものによっては釈迦本人が知ったら、驚いてひっくり返ってしまうようなものも少なくありません。

その中に、「地獄・極楽」のような死後の世界や、「輪廻転生」のような生まれ変わりの発想があります。釈迦は死後の世界については一切語っていませんし、生まれ変わりの考え方は、徹底的に否定しています。特に釈迦は、バラモン教のカーストによる差別を強く否定したので、その根拠となる「生まれ変わり」の論理を完全否定しました。ところが、釈迦の滅後、何百年もすると、バラモン教との競争で釈迦が否定したマントラや生まれ変わりの概念が仏教に取り入れられました。

また、仏典が中国語に翻訳された段階で、あるいはそれらを読んで解釈された段階で、かなり中国的な発想が混ざってしまったこともあります。極楽浄土といった発想は、釈迦の滅後六〇〇年ぐらいにインドで生まれ、中国で花開きました。

日本の仏教は中国経由で輸入されていますから、当然ながら、中国の浄土教の考え方が色濃く反映されているわけです。日本の仏教は釈迦の教えとはかなりかけ離れた形で導入され、なおかつ日本古来の信仰とも結びついて、非常に独特な形で受け継がれているのです。

では、**本来の釈迦の教えとは何なのでしょうか。**

もちろん、釈迦の言葉そのものが文献として残っているわけではありませんが、多くの研究の成果によって、「これが釈迦の考え方だろう」というものは、かなりわかっています。そしてそれは、私が長年の研究を経てたどり着いた生死に関する知見とも見事に合致しています。

本書では特に「死生観」に的を絞って釈迦の教え（考え方）を見ていきますが、その前に、日本人の死生観について、歴史を踏まえながら見ていきたいと思います。

死者を忌み嫌う日本人

日本人の死生観を考えるうえで、歴史的な視点はどうしても必要になります。とはいえ、太古の昔の人々の考え方を知るのは、簡単ではありません。例えば、邪馬台国の人たちの死生観を知ろうと思っても、場所すら確定されていない国の人たちの考え方を知るというのは、なかなか難しいものがあります。

ただし、手掛かりはあります。古代のお墓が遺跡として残っているからです。遺跡の年代は考古学的に確定できますから、その時代の人たちが死、墓、埋葬といったものをどう表現していたかについて、見ることができるわけです。

以前、宗教評論家の第一人者、ひろさちやさんと日本の古いお墓についてお話をしたことがありました。その中で、「抱石葬（ほうせきそう・だきいしそう）」の話題が出ました。

縄文時代のお墓から、遺骨が石を抱いた状態で出てきたというのです。死者に石を抱かせて埋葬したので「抱石葬」というのですが、これは死者がよみがえらないようにするという意味があると考えられているそうです。石を抱かせただけでなく、たいていがかなり深いところに埋めてあったといいます。

石を抱かせて、地中深く埋めることによって、墓（あの世）から戻ってくることを防ごうとしたわけです。当時の日本人にとって、死者が死後の世界から戻ってくるのは、好ましくないこととして受け止められていたことがうかがえます。

古事記などの神話を見ても、黄泉国《よみのくに》（死後の世界）はあまり好ましい場所ではなかったようです。むしろ、忌《い》み嫌うべき場所でした。

古事記にはこんな話が載っています。イザナギという神は死んでしまった妻イザナミを追って、死者のいる世界（根之堅洲国《ねのかたすくに》、一般には黄泉国と同じと考えられている）に行き、妻を取り戻そう（生き返らせよう）とします。死後の世界から抜け出すための条件として、イザナミに「けっして私のほうを振り返ってはいけない」と言われていたにもかかわらず、不安に思ったイザナギはあと少しというところで振り返ってしまいます。すると、美しかった妻がうじ虫だらけの姿になっていたため、びっくりして逃げ出すという話です。

うじ虫だらけという描写は、死体を放っておくとうじ虫だらけになるというところからの発想でしょうが、とにかく死後の世界は不浄なところであって、そこへ行った人には二度と戻ってきてほしくないという考え方だったことがわかります。

これに対して、アフリカのある一部の地域では、死者の骨を家の周りに飾るという風習があります。

日本人が見たらびっくりして腰を抜かすに違いありませんが、先祖代々の頭蓋骨などを軒先にぶら下げてあったりするのです。

これは、死者にいつまでも一緒にいてほしいという考え方でしょう。遺影の代わりに本人の頭蓋骨を置いていると思えば、多少不気味とはいえ、発想としてわからなくはありません。

儒教はシャーマニズム

中国では古代から「魂魄《こんぱく》思想」という考え方があります。これは、道教、儒教にも強い影響を与えています。

魂魄思想によれば、霊魂には「魂」と「魄」の二種類があり、「魂」は体から抜け出して位牌に宿って、やがて天に昇り、「魄」は死体に残って土に埋められ、やがて土に還るといいます。日本でもいまだに位牌を大事にしたりするのは、この魂魄思想が定着しているからです。

これは仏教ではありません。中国の道教と仏教が融合してしまい、それを日本人が中国から輸入したために、日本にも根づいてしまったのです。先ほどの極楽浄土の例と同じです。儒教と道教はお互いに強い影響を与えあっていますから、日本で儒教が奨励されたことも、魂魄思想が根づいた一因と言えましょう。

儒教というのは、シャーマニズムです。孔子の母親はシャーマンでした。日本も卑弥呼がシャーマンとして有名です。天皇家ももともとはシャーマンでした。昔は、政治的リーダーと社会的リーダー、宗教的リーダーが同じでしたから、リーダーである以上、自分の家系が最も尊いという論理を取り入れざるを得ません。あるいは、積極的に利用したのかもしれません。

いずれにしても、シャーマニズムは自動的に先祖崇拝の思想となるのです。

残念なことに、先祖崇拝は儒教という高度に洗練された差別主義を生んでしまいました。シャーマンである国家のトップの先祖が最も偉く、家系を継ぐ権利は明確に規定され、長男が一番で、次男が次、以下、三男、四男……となります。

シャーマニズムは、あの世の権力もこの世の権力も、両方ともシャーマン個人、あるいはその家系が独占しています。あの世の権力とこの世の権力との区別がありません。

西洋的な近代思想では、この世の権力とあの世の権力が区別されないのはまずいと考えます。あの世の権力とこの世の権力を切り離し、あの世の権力をバチカンのローマ法王に、この世の権力をキングに与え、あの世の権力を司るのが宗教ということになります。

この世の権力とあの世の権力をはっきりと分けるというのが、近代宗教の大きな特徴です。分けられていないものはシャーマニズムという未開の文化ということになります。

さらにあの世の権力は世襲禁止です。だから、バチカンの法王も世襲禁止です。

日本の寺はだいたい世襲なので、近代宗教的には、あの世の権力を持つべき場所ではありません。

そもそもお釈迦さんも、僧侶の世襲を禁止しています。妻帯禁止というのは、世襲禁止のためなのです。人間があの世の権力を持ってはいけないというのが、釈迦の論理です。世襲というのは、人間が権力を保持するための最大かつ最良の方法なので、これを禁止したのです。妻帯を禁止すれば、そもそも子どもが生まれないはずですから、世襲も当然できません。

日本人の宗教観と先祖崇拝

「死生観」という考え方は、宗教とは切っても切れない関係があります。しかし、日本に宗教という概念が入ってきたのは明治以後で、それまでは信仰はあっても、西洋的な意味での「宗教」はありませんでした。

日本には古来から神道《しんとう》があったとされていますが、実は神道なるものも明治以後、国家神道として整備されたことで宗教としての形ができあがったのであり、明治以前の神道を宗教と定義するのは、非常に難しいのです。知的水準が多少高い人たちが、それに加えて、儒教という中国の宗教を信じていました。

日本には用語としては仏教用語がたくさん入ってはいますが、根本的な考え方は儒教であり、道教です。仏教国というよりは儒教国であり、道教国なのです。インドやスリランカの人たちは、日本は仏教国だと教わっているため、さまざまな誤解が生じています。そもそも仏教国の人々は、キリスト教の祭儀を行ったりしません。スリランカの仏教徒がクリスマスを祝うことはあり得ないのです。

日本では、クリスマスやハロウィンなど、信仰心はともかく、カルチャーとしてキリスト教的なものが普通に受け入れられています。これは日本人が古来より、八百万《やおよろず》の神を信じているという民間信仰が大きく影響していると考えられます。すべてのものに神が宿るわけで、だったら多ければ多いほどありがたいし、もともと八〇〇万体も神様がいるわけですから、一つや二つ増えようがたいした問題ではありません。最初から異質な神々が同居しているわけで、そこにさらに異質なものが一つ二つ入ってきても、ウエルカムなわけです。

八〇〇万という数にはいろいろな説がありますが、その一つに、ある時期の日本人の人口が八〇〇万人だったというものがあります。それらがみんな神になった、すなわち日本人のご先祖様が全員、神になったというわけです。

氏神《うじがみ》様というものがありますが、あれはもともと一族（氏）を守ってくれる神です。だいたいは田んぼの神様、五穀豊穣《ごこくほうじょう》の神様です。これはみな、ご先祖様を祀っているのです。八百万の神とは、日本人という家族の氏神様が日本人という一族を守ってくれるという発想なのです。

ご先祖様という、間違いなく人間だったはずの人を神として祀ることを普通にやってきたのが日本人です。これはいまでも続いています。

明治神宮というのは明治天皇を祀った神社です。いまから一〇〇年ほど前には間違いなく生きていた人です。創建は大正九年。亡くなって一〇年もしないで神として神社に祀られたことになります。

明治天皇の場合は、「現人神《あらひとがみ》」とされていたのでまだわかります。生きているときから、そもそも神だったのです。ですが、乃木神社というのは、もっと不思議な存在です。

乃木神社は、明治の軍人・乃木希典《のぎまれすけ》陸軍大将を祀った神社です。乃木大将にゆかりのあるとされる神社が各地にあります。東京の地下鉄に「乃木坂」という駅がありますが、これは乃木大将の邸宅跡に築かれた乃木神社のある坂に由来するものです。この乃木神社も大正八年に設立許可が下りています。

乃木大将は明治天皇とは違い、間違いなく普通の人間です（明治天皇も人だと思いますが、当時の人たちは本気で神だと思っていたかもしれません）。軍人という職業で最も出世した人ですが、明治天皇の崩御に伴い殉死《じゅんし》したことで、当時の人々に慕われました。間違いなく普通の人だった人物が、死の数年後に神社に祀られるという事実は、日本人の宗教観をよく示しています。

他に東郷平八郎《とうごうへいはちろう》元師を祀った東郷神社なども同様でしょう。

普通の人が神として祀られることを許容する文化が、日本には間違いなくあるということです。一神教を信じる文化圏では、絶対にあり得ないことです。

血のつながりより家のつながり

先祖崇拝のシャーマニズムが日本の宗教観（信仰観）という話をしましたが、実はここで言う先祖というのは、必ずしも血縁で結ばれた先祖とは限りません。日本には「家」制度があり、ここでは「養子」が認められているのです。

血縁がない人物でも、養子によって「家」を相続でき、同時にご先祖様までそっくりコピーされてしまうのです。養子に行ったら最後、DNAによる血縁関係はまったくなかったものとして扱われ、養子先のご先祖様こそが自分のご先祖様となり、祀る対象となりました。そうやって「家」というものが続いてきたのです。

血縁のまったくない人物が別の家の養子になって家を継ぐというシステムは、戦国武将の家を見てもよくわかります。

例えば越後の長尾景虎《ながおかげとら》は、戦《いくさ》、政治ともに長けており、やがて室町初期からの名門であり、長尾家にとっては主家《しゅか》にあたる上杉家の養子となって家督《かとく》を譲られます。彼こそがのちの上杉謙信《うえすぎけんしん》です。つまり、彼本人は上杉家の養子であり、上杉家のDNAは受け継いでいません。しかし、養子縁組によって、彼は長尾家のご先祖様ではなく、上杉家のご先祖様を祀るようになりました。

先祖崇拝のシャーマニズムを原理主義的に解釈すれば、本来は、血縁でつながっていなければならないはずです。

しかし、子どもがいない（男子がいない）などの理由で、どうしても血縁がつながらない場合、その解決策として養子というシステムを考え出したのです。家の視点から見れば、養子によって相続する人物ができたということになりますが、養子に入った個人の視点から見たら、ご先祖様が総入れ替えになったことになります。

「あの世というものがそもそも情報空間の存在である」と考えれば何の問題もないことであり、抽象度が高いと言えなくもないのですが、おそらくそこまでは考えていなかったのでしょう。シャーマニズムとしては、ある意味、本末転倒なことを、運用上、認めざるを得なかったというのが実情だと思います。

この本末転倒をどこかで一度認めてしまったことで、先祖の入れ替えという不思議なことが堂々と行われるようになったのですが、おそらく儒教的な男尊女卑の思想が一人歩きしてしまったことが影響しているのではないかと考えられます。先祖崇拝のシャーマニズムのルールに、男性でなければならないという儒教的ルールが上書きされてしまったわけです。本来、血縁を重視するのであれば、相続者が男性である必要はありません。

少し前に、天皇家の皇位継承者に男子がいなくなる事態を受け、女性天皇を認めるか否かが、国会で議論された時期がありました。女性天皇を認めるか、男系にこだわるかは、単純に言えば、「血縁」を取るか、「男子」を取るかということになります。

「血縁」派は純粋な先祖崇拝のシャーマニズムを重視する考え方であり、「男子」派は男尊女卑の儒教的思想を重視する考え方です。「シャーマニズム」か「儒教」かという、それぞれ異なる宗教観ですから相容れることはないでしょう。天皇制という文化を守るという観点からは「どちらでもいい」はずであり、こうした宗教論理を国会で議論しているということ自体が、政教分離の観点からどうなのかと逆に心配になってしまいます。日本の家の伝統から言えば、養子を迎えたっていいはずです。イギリス王室はそうなっています。

血縁か、家か。いずれにしても、本来国会でする議論とは思えません。

日本固有の「うつる」という考え方

死後の世界を不浄のものと考える日本の死生観ですが、これに加えて、日本独特のものとして「うつる」という考え方があります。不浄なものが「うつる」という発想です。この「うつる」という発想は、道教や儒教にはありません。死を忌み嫌うことと、その忌み嫌うものが近くにいると「うつる」という発想は、部落差別の問題にも直結します。まず、死体を忌み嫌うという考え方があり、それが死体を扱う職業の人を忌み嫌うことにつながり、さらにはその人からけがれが「うつる」として交流を絶ち、一ヵ所に集めて住まわせて、「部落」と称して隔離してしまったのです。死や死体を忌み嫌うというところまでは理解できることですが、死体を扱う職業の人を「うつる」として差別するというのは、まったく理解を超えています。

もしかすると、何度も伝染病が蔓延して、「うつる」とたいへんなことになるという発想が、日本人の中に強く刷り込まれてしまったのかもしれません。伝染病が流行るたびに、京都では鴨川の河原に死体の山ができたと言います。その死体がさらに伝染病を拡大させたでしょうから、昔の人たちがそれを恐れるのはわからないではありません。ただし、それが現代でも差別という形で続いているのは、まったく馬鹿げています。

先ほど、ひろさちやさんとの話の中で、抱石葬について触れ、「二度と還って来ないでほしい」という意思の表れだろうと書きました。もちろん、それが主であろうと思いますが、もしかすると、「けがれがうつらないように」という意味もあったのかもしれません。地中深くに埋め、石を抱かせて還ってこないようにすることで、不浄なものがうつらないようにするというのが、墓の役割だった可能性があります。

この日本人の「死」や「死体」に対する異常なまでの忌み嫌い方は、死への恐怖の裏返しと私は見ています。

恐怖については後の章で詳しく見ていきますので、ここでは深くは触れませんが、差別をなくすためには「死」への恐怖の克服がカギになるのかもしれません。

第2章

「死」は妄想

宗教に本気で「洗脳」された人は「死」を恐れない

「死」というものを受け入れられない、身近な人の死に対して、心の整理がつかない――「死」は古来、人間が抱えてきたテーマです。特に、肉親やごく親しい人が、何の前触れもなく、突然、目の前からいなくなってしまえば、「心の整理をつけろ」と言うほうが酷だというのもわからなくはありません。

洋の東西を問わず、古来、宗教もしくは先祖崇拝のような信仰が存在するのは、「身近な人の死に対して心の整理をつけるため」や「自分が死ぬことを考えて絶望しないため」という大きな理由があったからです。もちろん、それだけではありませんが、大きな理由の一つ、もしかすると最大の理由の一つと言ってもいいかもしれません。

昔の人だって、己の命が消滅することへの恐怖や、身近な人が死に、つい先ほどまで話をしていた相手、自分を認めてくれていた相手、愛を注いでくれていた相手がいなくなってしまったことに対して、簡単には心の整理がつかなかったのでしょう。

実際、宗教と名のつくものは、ほぼすべて、死についての明快な答えを持っています。つまり、心から本気で宗教を信じていれば、死に対して心の整理がつかないということはありません。

私の言葉で言えば、どの宗教でもいいから、本気で「洗脳」されてしまえば、死について思い悩むことはないということになります。

天国で楽しく暮らしているに違いないとか、あの世から私たちを見守ってくれているんだとか、宗教に洗脳されている人は、死に対してしっかりとした答えを持っていて、心の整理がついています。お墓に向かって「私ももうすぐ行くからね」などと言う人までいます。

ただしこのとき「自分はこの宗教に洗脳されている」ということがわかっていなければいけません。そうでないと、カルトと同じことになってしまいます。さらに、さまざまな弊害が発生してしまうのです。

イスラム世界で自爆テロが相次いでいますが、あれは完全に洗脳されているうえに、自分が洗脳されているとは思わずに、洗脳されている世界が現実に存在する、あるいはその世界がすべてであると捉えているために起こるのです。

若い女性や子どもの自爆テロまで起こっているのは、かなり小さいころから、ほとんど分別がつかない子どもの段階から、洗脳教育をしているからでしょう。とても褒められたものではありませんが、彼ら彼女らに「死」への恐怖とか、「死」を受け入れられないといった感情はどこにもありません。

これは「死」に対して明快な答えを持っている宗教に完全に洗脳されているからです。神風特攻隊のような存在を肯定し、お国のため、天皇のために死ぬのがいいことだと考えていた戦前の日本国民も、強烈に洗脳されていたと言えます。天皇は「現人神」だという洗脳自体はそれほど問題ではありません。それを「だから、天皇のために死ね」という話にしてしまったのが問題なわけです。

これは、イスラムの教えが問題なのではなく、イスラムの教えを自爆テロに結びつけて洗脳してしまったことに問題があるのと同じことです。

戦前の日本にしても、自爆テロをするイスラムの人たちにしても、本気で洗脳されているがために「死」を恐れていないのです。

現代の日本は、戦前の軍国主義的洗脳を解かれた「脱洗脳」の状態にあると言えます。ただし、脱洗脳も一種の洗脳です。

戦後日本の脱洗脳は、アメリカ主導で行われました。戦後間もなく、GHQの要請でヒルガードという、アメリカの洗脳の第一人者が日本にやってきました。建前上は「日本の教育の非軍事化のため」とされていますが、やったことは民主化という名のもとで行われた再教育という脱洗脳(という名の新たな洗脳)です。

これによって、もう神風特攻隊のようなことはできなくなりました。今の若者に、「お国のために特攻隊となってくれ」と言っても誰もやらないでしょう。

宗教はすべて妄想である

宗教が語る死後の世界とか、死についての考え方というのは、すべて妄想であると考えなければいけません。なぜなら、生きている人で死後の世界を見た人は誰もいないからです。

生死の境をさまよい、九死に一生を得て助かった人が、「臨死体験をした」などと言って、あたかも死後の世界を見てきたかのように語ることがありますが、それも完全に妄想です。生死の境をさまよいながら、あの世の夢を見ていただけです。

本当に死後の世界を見たのなら、戻って来られるはずがないのです。戻って来られたということは、そこで見たものは死後の世界ではなく、生前の世界に決まっています。

こうした妄想を、妄想だとわかって受け入れるのはかまいません。それによって、「死」への恐怖が和らぎ、「死」に対する心の整理がつくのであれば有益です。

死後の世界を誰も見たことがない以上、宗教が語る死後の話はすべて妄想なわけですが、何度も言うように妄想が悪いわけではありません。

例えば、小説を読んだり映画を見たりするとき、その内容は全部フィクションだとわかって読んだり見たりしているはずです。推理小説の殺人の場面を読んで、警察に電話する人はいませんし、映画の爆発シーンを見て、あわてて非常口に駆け出す人もいません。日本には私小説というジャンルがありますが、それらさえもすべて現実に起こった話ではありません。

小説を読んだり、映画を見たりして、そこに描かれているストーリーがすべて現実だと思う人はいないはずです。

それなのに、宗教の場合はなぜかその教えを現実だと思い込んでしまいます。

どの宗教を選ぶか、それを信教の自由というわけですが、宗教を選ぶという視点で見れば、各宗教は妄想合戦をしているようなものです。これは、小説の世界で言えば、どのフィクションが一番おもしろいかを競う、直木賞とか芥川賞の選考会のようなものと言えるかもしれません。

妄想、フィクションだとわかっていれば、壮大なストーリーを描いた宗教のほうが人気が出るのは当然です。どうせ読むなら、おもしろい小説のほうがいいのと同じです。一番おもしろそうな妄想を語る宗教が、最も流行るというか、多くの人々に受け入れられることになるわけです。

しかし、教祖、教団は「これはすべて妄想ですよ」と言ってあげなければいけません。妄想なのに本当のことだと思ってしまうから、他の宗教を攻撃したり、宗教がきっかけで戦争になったりするのです。

仏教はあの世を否定している

「死」についての明快な解答を持っているのが宗教だと述べましたが、この定義に従えば、釈迦の教えとしての仏教は、宗教ではないということになります。先ほど少し触れましたが、釈迦はあの世について語ることを拒絶しているからです。

お寺のお坊さんから、三途《さんず》の川や極楽浄土の話を聞いたことがあるという読者もいるかもしれません。でも、そのお坊さんは本来の意味では仏教徒ではありません。これも先に述べたように、中国で生まれた浄土教という宗教のお坊さんです。

「だけど、南無阿弥陀仏と唱えたら、みんな浄土へ行けるって言うじゃないか」

そういう考えはスリランカの上座部《じょうざぶ》仏教やインド・チベット仏教の僧侶は、仏教とは見なしません。中国仏教と言ってもいいですが、正しくは浄土教という宗教なのです。

妄想だとわからせたうえでという条件がつきますが、周りの宗教が絢爛《けんらん》豪華な妄想を見せているのであれば、こちらはもっとすごい妄想を見せて、もっと救いを持たせようというのはかまいません。絢爛豪華な世界観を語る法華経《ほけきょう》とか、華厳経《けごんきょう》などがありますが、これらを語ることはかまわないのです。

ただし、何度も言うように「これは妄想ですよ」ときちんと言ってあげる。それを言えるお坊さんであれば、仏教徒と言えるでしょう。そうではなく、本当に極楽浄土に行けますよと言ってしまうお坊さんは、仏教徒とは言えないのです。

空観、仮観、中観

宇宙とか世界を捉える見方、考え方に「空観《くうがん》」「仮観《けがん》」「中観《ちゅうがん》」というものがあります。「空観」とは、すべてのものは「空」であることを知って、すべてのものを「空」として見るというものです。

「空」という概念は非常に説明が難しいのですが、「有でもあり、無でもある」あるいは「有でもなく、無でもない」といった概念です。すべてを包含しうる概念とも言えます。

よけいに混乱してしまったかもしれませんが、「あるとも言えるし、ないとも言える」、ということは「あるとも言えないし、ないとも言えない」わけです。

例えば、あなたは森の中にいたとします。では、その「森」というものは本当に存在するのでしょうか。

「森」と言っても、ただ「木」がたくさん生えているだけです。木はあっても森は「ある」と言い切れるでしょうか。もしかしたら、「森」ではなくて「林」かもしれません。その区別すら、明確にはできないはずです。

「木がたくさん生えているのが森」だとすれば、その「たくさん」というのはどの程度を言うのでしょうか。どこからが「木」で、どこからが「林」で、どこからが「森」なのでしょうか。

そんなふうに考えていくと、「森」だと思っていた場所も、実は「森」ではないかもしれないと思えてきます。実際、「森」という存在があるのかないのか、なんとも言い切れなくなってきます。

こんなふうにすべてのものは、よくよく見てみると、「あるとも言えるし、ないとも言える」ものだということがわかります。

「でも、『木』はあると言えるんじゃないか」

そう思う人もいるかもしれません。木が集まって森になる。だとすれば、森があるとは言い切れないが、木はあると言えそうだという主張でしょうか。

しかし、「木」という存在も「森」と同様に怪しいのです。そもそも、「木」という言葉があるから「木」と認識しているだけであって、「木」という言葉を知らない人が「桜の木」と「つつじの木」を見たとき、同じ「木」だと捉えるかどうかははなはだ怪しいと言わざるを得ません。

また、木は細胞からできています。細胞がたくさん集まって、「木」と呼ばれるものを形作っているわけです。だとしたら、「森」と「木」の関係と同様、細胞はあっても、「木」というものが「ある」と言えるのかどうか怪しいということになります。

細胞ももっと細かく分けることができます。核とか、細胞質とか、もっと言えば、分子とか原子とか、素粒子レベルまで分けることができます。

では、素粒子はあると言えるのかというと、量子力学の世界をご存じの読者はおわかりのように、ある確率でしか、その場所に存在していると言えないのです。例えば、原子の中の電子の位置を正確に測定することはできません。

こんなふうに「あるともないとも言えるし、あるともないとも言えない」というのが「空」という概念です。

存在というのは、実は実体として「ある」とは言い切れず、常に他のものとの関係性の中でしか定義できません。どんなものであっても、「あるともないとも言え、またあるともないとも言えない」のです。

こんなふうに、「すべてのものは『空』である」としてものごとを見る見方を「空観」と言います。

これに対して、「すべてのものは『空』であるとしても、関係性（縁起《えんぎ》）によってそれぞれの役割があり、たとえ仮の存在であっても、その存在や現象の役割を認めて見てみようという見方が「仮観」です。

存在そのものは「空」であっても、その「空」である存在に役割があるのだから、その役割を積極的に見ていこうとするものの見方です。「空」であることから一旦離れて、役割のほうに注目していこうという見方とも言えます。

映画にたとえると、常に「映画というのはすべてフィクションなのだ」という視点で映画を見る見方が「空観」で、「映画はフィクションだが、そのストーリーには役割があり、意味があるので、ストーリーの中に積極的に入り込んで臨場感を最大限に感じながら、お話をしっかりと見ていこう」という視点で映画を見るのが「仮観」と言えるでしょうか。

そして、この二つの見方の間に立って、同時に成り立たせる見方が「中観」です。「空観」と「仮観」よりも一つ抽象度が高い見方と言えるでしょう。「空観」の視点でフィクションだとしっかり認識しつつ、「仮観」の視点でその役割を認めて、フィクションの世界に価値を見いだす視点が「中観」なのです。

「仮観」とどう違うのかと思うかもしれませんが、「仮観」は「空観」の対立項で、存在は「空」であるということを知っていても、あえてそうした見方をしないで、役割のほうを見る見方であるのに対して、「中観」は存在が「空」であることも積極的に認め、それをしっかりと認識しながら、同時に役割にも価値を置くという見方です。

これまでの話で言えば、「妄想だとわかって宗教の壮大なストーリーに価値を見いだす」のが「中観」的なものの見方なのです。「仮観」の場合は、「妄想だが、妄想であるとは見ずに、ストーリーに浸ってしまう」見方と言えるでしょう。

この「中観」というものの見方は非常に重要です。宗教は妄想ですが、役割があり価値があるなら、妄想だってかまわないと見るわけです。もちろん、妄想であることをしっかりと認識して、同時にその妄想に価値を認めるわけです。

死が怖いとか、死に接して心の整理がつかないと言って、日々、悶々として生きるよりは、「いや、死は怖くないんだよ」という妄想によって明るく生きたほうがいいわけで、妄想だとわかったうえで、その妄想にあえて乗ってしまうことは何の問題もありません。

ただし、何度も言う通り、妄想だとはっきりと教えてあげないと、戦争が起こってしまいます。本気で唯一絶対の神を信じてしまったら、神が「信じない者は殺せ」と言った場合、本当に殺してしまうわけです。でも、妄想だとわかっていればそんなことは起こりません。映画の主人公が何を言っても、それに従う観客がいないのと同じことです。

西洋の宗教で問題なのは、「空」の考え方が抜け落ちていることです。「空」の考え方がありませんから、「空観」もありませんし、「仮観」もありません。もちろん、「中観」もあり得ません。

フィクションを実物だと思い込んでしまう思想なのです。実物だと思ってしまうと、隣の世界を認めることができなくなります。「信じるものは救われる」＝「信じないものは救われない」＝「信じないものは神が排除してもいいと認めている」という論理になってしまうのです。

また、すべてのものが「空」ではなく実物であるなら、大きければ大きいほどいいと考えてしまうのも、道理というものです。ビルは高ければ高いほどいいと考え、領土は広ければ広いほどいいと考え、金（マネー）は多ければ多いほどいい、ということになってしまうのです。

ビルも領土も金も「空」だと知っていれば、そんなものにこだわること自体が無意味だとわかるはずです。

そもそも金（マネー）というのは、物々交換を媒介する道具です。ところがいつのまにか、その道具ばかりを増やすことに心血を注ぐようになってしまいました。すべてを本当にあるもの、実であると考えてしまったからです。

般若心経の「空観」は誤り

「空」の概念を表現したお経として有名なものに「般若心経《はんにゃしんぎょう》」があります。

非常に有名でなじみのある般若心経ですが、実はどういう経緯で成立したのか、はっきりわかっていません。偽物のお経だという説すらあるくらいです。

この般若心経について、上座部仏教を日本に布教するためにやってきたアルボムッレ・スマナサーラという長老が『般若心経は間違い？』（宝島社）という本を書いています。スマナサーラ長老はこの本で、般若心経を一行一行、順を追って解読し、その意味と間違いを解説しています。

ちなみに、上座部仏教とは昔は小乗仏教などと呼ばれていたものです。仏教をおおまかに二分すると、上座部仏教と大乗仏教とに分かれます。小乗仏教という呼び方は大乗仏教側から見た蔑称なので、最近はあまり使われません。

スマナサーラ長老が「般若心経」の間違いとして指摘していることの一つに、経の最後に「羯諦《ぎゃあてい》羯諦《ぎゃあてい》波羅《はら》羯諦《ぎゃあてい》　波羅《はら》僧《そう》羯諦《ぎゃあてい》　菩提《ぼじ》薩婆訶《そわか》」というマントラ（呪文）がついているのはおかしいというものがあります。

たしかに釈迦はマントラを否定していますから、彼の主張は正しいと言えます。上座部仏教が、密教を含む大乗仏教を批判するときには、たいていこのマントラ批判を展開します。

スマナサーラ長老がさらに大きな間違いとして指摘するのは、「色即是空　空即是色」という、般若心経の中で最も有名な一節です。

これは「色とはすなわち空であり、空とはすなわち色である」、つまり「色と空は同じものである」と言っているわけです。色とは物質のことを意味します。「物質と空は同じものである」と言っているわけです。

「すべての物質は空である」は命題として真なので、一見、正しそうにも見えるかもしれませんが、「空即是色」のほうは「空とは物質のことである」という意味になってしまいます。

そんなはずはありません。「空とは物質である」という命題は意味不明です。空が物質なはずがありません。ですから、「物質と空は同じもの」というのは間違っているのです。

「空」というのは、「色」とは抽象度の違う概念です。「空」は「色」を含んでいますが、「色」は「空」を含む概念ではありません。「空」と「色」が同じというのは、「豚」と「哺乳類」が同じだと言っているのと変わりありません。「哺乳類」は「豚」を含みますが、「豚」は「哺乳類」を含みません。

ここに、般若心経の大きな間違いがあります。

「色即是空」は「色即是無」

では、釈迦がいま生きていたら「色即是空　空即是色」はどう書き換えるでしょうか。百歩譲って、「色即是空」は許せると思います。ただ、先に述べた通り「色」と「空」とは抽象度の異なる概念ですから、「有」と「無」、あるいは「色」と「無」という、同じ抽象度の言葉を並べたほうがいいと思います。

釈迦はおそらく、この部分は「色即是無　無即是色」とすると思います。「物質（有）と無は同じである」ということです。

そして、「空包摂色　空包摂無」と続けます。「空」とは「物質（有）」も「無」も含んでいるということです。これでやっと、「空」の概念が正しく説明できます。さらに、「羯諦羯諦」以下のマントラはカットです。

本当に意味のあるお経に書き換えるのであれば、臨終とは「無」になることではなく、「空」になることであるという教えを盛り込むに違いないと思います。「有」と「無」、物質があることとないことは何も差がないのだと教え、それを理解できれば、生きていることも「空」であるとわかり、「死」と特に差があるわけではないとわかるはずだからです。

現代物理学が証明した「空」

「空」とは、「色」と「無」は同じものだ、という概念だということを見てきました。これは現代物理学、量子力学の分野でも明らかにされていることです。

実験室で真空を作ったとします。ところが、完璧に真空を作ったはずの空間に、いつの間にか素粒子がポンポンと現れてしまうのです。これは、観測という行為がエネルギーを与えているからと解釈されていますが、とにかく無を作ったはずのところに有が生まれてしまうわけです。

逆もあります。例えば、原子は原子核と電子からできていますが、電子というのは有、すなわち物質として存在するはずなのに、場所を確定しようとしても、ある確率でしか観測できないのです。
これを不確定性原理というのですが、量子とか素粒子の世界では、物質が存在している時間と場所はある確率でしか決められない、つまり確定できないのです。

ΔE×Δt≧h

という式があります。Eはエネルギー、tは時間、hはプランク定数を表します。hはかなり小さいけれど、ゼロではないという点が重要です。なお、Δ（デルタ）というのは、その変数が増えた（増減した）分という意味です。ある一定時間Δtの間に増減したエネルギー量がΔEです。これらの積がゼロではないhという定数以上であるということは、ΔEもΔtもゼロにはなり得ないということを意味しています。

ΔE×Δt≧h≠0　ゆえに、ΔE≠0かつΔt≠0

ΔEとΔtのかけ算がゼロにはけっしてならないのですから、ΔEもΔtもゼロにはなりません。

アインシュタインの相対性理論によって、$E=mc^2$という式が導かれました。mは質量、cは光のコンスタント、つまり光速です。光速の2乗は定数ですから、エネルギーは質量に比例する、つまりエネルギーは質量で表せる（エネルギーと質量は、互いに方程式上で代入可能なので、置き換えることができる、すなわち、式の上ではエネルギーと質量は同じものだと見なすことができる）ということになります。

ここで、$\Delta E\times\Delta t\geqq h$という式に戻って考えてみましょう。

$\Delta E\times\Delta t\geqq h\neq 0$
$E=mc^2$より、Eにmc^2を代入
$\Delta(mc^2)\times\Delta t\geqq h\neq 0$
c^2は定数なので、$\Delta m\neq 0$かつ$\Delta t\neq 0$

こうなりますから、時間も質量もゼロにはなり得ないことがわかります。ある一定時間があれば、そこには必ず質量が存在するということになるのです。質量が存在するということは、そこに何か物質＝「色」が存在するということになりますが、その物質は時間を定めた瞬間、ある確率でしか場所を特定できません（「不確定性原理」より）。そこにある

のは間違いないのですが、場所は特定できないので、あるともないとも言えるし、あるともないとも言えないということになってしまうのです。

これはまさに「空」と非常に近いものと言えます。

物質の場所をある確率で存在するとしか言えないという考え方は、現在の量子力学では常識ですが、かのアインシュタインはこの考え方には懐疑的というか、真っ向から反対していました。有名なセリフ「神はサイコロを振り給わず」というのは、この確率の考え方に疑問を呈した言葉です。

偉大なるアインシュタインですが、ことこの件に関しては、分が悪いようです。素粒子の位置はどうしても確率でしか表せないのです。

あるともないとも言え、あるともないとも言えないという「空」の概念が、現代の物理学で立証されているというわけです。

葬式とは何か

最近の日本の仏教は「葬式仏教」などと揶揄されています。葬式のときにしか必要とされないということでしょうか。

では、そもそも、葬式とは何なのでしょうか。

「死者を弔うのが葬式に決まっているではないか」

もちろん、そういう側面もあります。ですが、本来、釈迦は死者を弔う儀式にお坊さんが出席することを禁じました。お坊さんがあの世に対して権力を持っているかのように誤解されてしまうのを恐れたからです。

あの世に対して権力を持ってしまうと、どうしてもこの世でもその権力が発揮されてしまいます。本人にそのつもりはなくても、一般の人々があの世での幸せな暮らしを保証してほしいと、あの世の権力者にすり寄ってきてしまうことでしょう。そうなれば、この世でも権力が発生してしまいます。

お坊さんは権力から最も遠いところにいなければいけないという意味で、釈迦はお坊さんが葬式に出ることを禁じたのです。

釈迦はお坊さんは葬式に行ってはいけないと言ったのですが、現代の日本では、葬式はお坊さんの第一の仕事になってしまっています。釈迦が見たら、さぞ嘆くことだろうと思います。

ただ、大乗仏教的には、お坊さんが葬式をする理由というか、言い訳があります。それは、「葬式とは仏弟子になるための儀式である」というものです。仏弟子になるには受戒といって、キリスト教徒でいえば洗礼にあたる儀式を受けなければならないのですが、そのときに仏弟子としての名前をもらいます。それが戒名とか法名と呼ばれるものです（浄土真宗と日蓮宗は除きます。浄土真宗はそもそも受戒しませんし、日蓮宗は法華経の題目を唱えることで仏に仕えると見なされます）。

仏教教団のホーリーネーム（オウム真理教が信者に与えた教団内のランクを示す名前）みたいなものだと思えばいいでしょうか。その集団に属しましたという意味で、名前をもらうのです。

日本の大乗仏教は浄土教の思想が強く反映されていますから、仏弟子しかあの世（浄土）へ行けないことになっています（当然、死後の世界の存在を認めることになります）。

そのため、死後、あわてて無理やりにでも仏弟子にして、浄土へ行ってもらおうというのが、現代の日本仏教式の葬式なのです。

生前、仏縁がなかったかわいそうな故人のために、遺族が仏弟子にしてあげる。その仏弟子になったお祝いが葬式というわけです。

キリスト教ではキリスト教徒しか天国へ行けませんし、イスラム教でもイスラム教徒しか天国へ行けません。それと同じで、大乗仏教では仏弟子しか浄土へ行けないわけです。

釈迦がそんな差別をしたとは到底考えられませんが、大乗仏教では、とにかく仏弟子になることが重要なので、葬式（受戒の儀式）をするという言い訳が成り立つわけです。

このことがわかると、「だったら、生きている間に葬式をやったらいいじゃないか」という発想にたどり着くと思います。それでいいのです。戒名というのは、本来は生きている間にもらうべきものなのです。

あるいは、そもそも仏教（日本式の仏教）を信じていないのなら、死んだときに仏弟子になる必要はないでしょう。

高いお金を払って、お坊さんに「○○院○○居士」なんていう偉そうな戒名をつけてもらう必要もありません。

生物学的に死を定義する

今まで触れてきませんでしたが、生物学的に死を定義するとどうなるのでしょう。

「心臓と呼吸の停止が死でしょう」

本当にそうでしょうか。心肺停止状態の人が、人工呼吸や心臓マッサージ、ＡＥＤなどで命を取り留める例は少なくありません。心臓と呼吸の停止が死なら、これらは死んだ人が生き返ったことになってしまいます。

「細胞の死が人間の死だ」

これは正解ではあるのですが、若干の問題も残ります。細胞の死とは細胞が代謝をやめたときと考えられますが、それは体の全細胞の代謝機能が停止したときでしょうか。それとも、どこか特定の細胞が停止したときでしょうか。心停止してから全細胞が代謝機能を停止するまでには、かなりの時間がかかりますが、その間は生きていると言えるのでしょうか。

「もう、元には戻らない、『不可逆的に生命活動が止まる』のが死だよ」

概念としてはわからなくもないですが、「不可逆的に生命活動が止まる」というのは非常に恣意的です。ある人の心肺停止状態が可逆か不可逆かは、蘇生処置を試みてみないとわかりません。

「結果的に息を吹き返さなかったから、あのときすでに死んでいたってことになる」というようにしか判断できないことになります。これでは、あまりにもあいまいです。

実は、死を定義することは非常に難しいのです。それは、我々が個体と考えている体自体が、たくさんの生命の共生体だからです。

脳死を人の死と認めるべきか、どの段階で脳死と判定するかなど、議論がさかんに行われています。これは、共生体である個体の死を、法律的に無理やり定義しようとしているわけですが、議論が行われるということはきっちり定義することができないということです。生命がたくさん集まって、複雑に関係し合っている個体という組織の生と死を法律的にどこかで線引きしなければならないでしょうが、そもそも無理があるので、議論が絶えないわけです。

科学はまだ死を正確に定義できていません。宗教は妄想でした。

であるならば、これから私が述べる「苫米地式死生観」は、現時点で宗教も科学も超える考え方かもしれません。少なくとも、死を乗り越えて、前向きに生きていきたいと思う人たちにはかなり有効な考え方を提供できると思います。

第3章

「自分」とは何か

宇宙とは何か

「死」そして「生命」について考えるにあたって、見ておきたいことは「自分とは何か」ということです。それを知るために、まずは「宇宙とは何か」について見ていきます。

ここで言う「宇宙」とは地球の大気圏外の空間という意味ではなく、世の中の空間全体のことを指すと考えてください。

結論から言いますと、**私は、宇宙とは「自分自身を見るための鏡である」と考えます。**

自我というものを定義するときに、宇宙を見ると非常にわかりやすいのです。

では、自我とは何でしょうか。私の本を初めて読まれる読者のために、少し説明しておきましょう。

自我とは、何か絶対的なものとして定義できるわけではありません。唯一絶対なものとしての自我というのはないのです。

では、どのように定義できるかというと、他との関係においてのみ定義することができるのです（ただし完全に定義し切ることはできません。それについても本章で述べていきます）。

他との関係において定義できるというのは、こういうことです。

例えば、私、苫米地英人とは何かを定義しようとするとき、「苫米地英人である」と言っても、定義したことにはなりません。

同姓同名の人物がいた場合、その二人は同一人物ということになってしまいます。そんなはずはありませんから、「苫米地英人である」というのは定義にはなりません。

「父親が誰それで、母親が誰それの苫米地英人」と定義したとします。しかし、これは両親がわかっただけで、私自身を定義したことにはなりません。「上智大学卒業で、カーネギーメロン大学大学院の博士号を持っている苫米地英人」というのも、学歴を並べただけです。現在の私自身のことを何も語っていません。

「父親が誰それで、母親が誰それで、上智大学卒業で、カーネギーメロン大学大学院の博士号を持っていて、ドクター苫米地ワークスの代表で、コグニティブリサーチラボのCEOで、角川春樹事務所の顧問で……」などと延々と関係を書き連ねても、私という自我を定義しつくすことはできません。

これが、自我を完全に定義することは不可能だということです。

ただし、重要だと思う順に、関係性を列挙することはできるわけです。学歴が重要だと思えば、「上智大学卒業でカーネギーメロン大学で博士号を取得した苫米地英人」と表現できますし、仕事が重要なら「ドクター苫米地ワークスの代表で、コグニティブリサーチラボのCEOで、角川春樹事務所の顧問で……の苫米地英人」と表現できます。

少し違った観点を入れましょう。私はいつも、「自我とは宇宙と自分とを切り分ける部分関数である」と言っています。部分関数とは、ある集合を切り分けて取り出す関数のことです。

例えば、「偶数」というのは、「自然数」という集合から「2で割り切れる数」を取り出す関数であると見なせます。

「犬」という関数は、「生物」とか「動物」といった集合から、「犬」というものを取り出す関数です。「苫米地英人」という関数なら、「宇宙全体」から「苫米地英人」を取り出す関数です。

このとき、気づいてほしいのは、「偶数」という関数は「自然数」から「2で割り切れる数」を取り出すのですが、同時に「2で割り切れない数」＝「奇数」が残りますから、「奇数」のほうも同時に定義できてしまうことになります。「偶数」というのは、「自然数」という集合から「偶数」を取り出して、「奇数」を残す関数、つまり「自然数」を「偶数」と「奇数」とに切り分ける関数だとも言えるわけです。

「犬」の場合も同様です。**「生物」、あるいは「動物」といった集合を「犬」と「犬以外のもの」に切り分ける関数であると言えます。**

もちろん、「苫米地英人」も同様です。「私」と「私以外のもの（＝宇宙）」とを切り分ける部分関数が「私という自我」であると言えるわけです。

ということは、逆に考えれば（偶数と奇数のように、片方がわかればもう片方もわかってしまうという意味で）、**「宇宙」がわかれば、「私という自我」もわかることになります。**

これが、**「宇宙は自分自身を見るための鏡である」**ということです。

死んでも自我は変わらない

さて、「死」を恐れる理由の一つに、「自己喪失感」というものがあります。自分が消えてなくなってしまうことへの何とも言えない恐怖感、あるいは、自分が消えた後、宇宙はどうなるのかということへの恐怖もあるようです。恐れるとまではいかなくても、気になるという人は多いかもしれません。

これに対して、多くの宗教家たちがオカルト的な回答を用意し、妄想を語っています。「三途の川があって、そこを渡ると死後の世界がある」などという話もオカルトです。

現在の宇宙空間に三途の川はありませんから、誰かが死ぬと、その瞬間にどこかに三途の川が発生するということになります。そんなことはあり得ません。ある人が息を引き取った瞬間に三途の川が現れるなどということはなく、宇宙は元通りの姿で何も変わらないはずです。自分が死んでも宇宙は変わりません。

では、自我はどうなるのでしょうか。自我と宇宙は同じものでした。ならば、宇宙が変わらないのだとすると、自我も変わらないということになります。つまり、死んでも自我は変わらない。個体の死は、自我の消滅を意味しないということになります。

物理的な存在が情報的な存在に変わるだけであって、自我が消え去ったりはしないのです。

物理法則に「質量保存（質量不変）の法則」というものがあります。質量、つまり重さはどんな化学変化が起こっても、その合計は変わらないというものです。アインシュタインの相対性理論により、質量はエネルギーとして表すことができますから（E＝mc²）、エネルギーも不変だということになります（「エネルギー保存の法則」）。あなたが死んでも、あなたの持っていたエネルギーは変わらず、形は変わっても宇宙のどこかにあり続けるのです。

「エネルギーは関係ない。形が変わることが問題なのだ」と思う読者もおられるかもしれません。しかし、実は生きている間であっても、形は常に変わっています。

私たちの細胞は常に新しい細胞に入れ替わっています。数ヵ月から数年もすれば、すっかり別の細胞に入れ替わっていることでしょう。それでも私たちは同じ人間として生きています。

「あなたは数分前にいくつかの細胞が死んで、新たな細胞に生まれ変わっていますから、もう数分前のあなたとは違います」などとは誰も言わないのです。

こう考えると、形が変わることはそれほど問題ではないと言えないでしょうか。細胞が入れ替わっても、別の人間になるわけではなく、その人の自我はそのままなのです。

生命現象は水の流れのようなものです。最後は海に流れ込みます。川として流れて、死んだらみな海に行くというのが生命なのです。

そして、本当は、川だと思っていたものも、実は海と何ら変わりません。川と海とはつながっていますし、多少塩分の濃度は違うけれど、同じ水が流れています。川と海との境目はどこかと言われても、厳密には定義できません。汽水と呼ばれる、あいまいな部分があって、何となく川が海になっていきます。

こんなふうに見ていけば、生きているときと死んでいるときの差というのは、実は何もないのだと思えるようになるはずです。本当に、何もないのです。

釈迦のエピソードにこんな話があります。

釈迦が一本の若木を指さし、「この木は生じたのか」と仏弟子たちに問います。この木は何もないところから、生まれてきたのかと聞いたわけです。弟子たちは「いいえ、別の木から生じた種が地面に落ちて生えたものなので、何もないところから『生じた』わけではありません」と言います。

「その通り。では、種は生じたのか」と釈迦は重ねて問います。

「いいえ、種も木からできたものですから、何もないところから生じたわけではありません」と答えます。

次に、釈迦は枯れた木を指さし、「この木は滅したのか」と尋ねます。この木は、まったくなくなってしまったのかと聞いたわけです。

弟子たちは「いいえ、滅していません。その命は種となって若木を生み、自身は朽ちて土となり、他の植物を育てています」と答えます。枯れ木とはいえ、存在が消えてなくなったわけではありません。ただ、形が変わっただけです。

釈迦は「そう。生じることもなく、滅することもない」と言います。

すべての存在は、生じることも、滅することもないのです。

生命とは、時間と空間を超えてあり、その生命のある一座標を指さして「自我」と呼んでいるにすぎません。しかし、その自我は川の流れのように、あっという間に流れ去ります。流れの中から、特定の自我を汲み取ることはできません。

宇宙と自我が同じものだということはすでに見ました。自我とは宇宙と自分とを分ける部分関数でした。しかし、それらを明確に切り分けることは不可能です。西洋哲学ではなぜか、自我と他我のように二項対立で考える癖がついているのですが、東洋哲学ではそういう考え方はしないのです。

免疫システムとしての自我

自我というものを免疫システムとして見ると、非常にわかりやすくなると思います。まずは、免疫システムについて、簡単に触れておきましょう。

ある程度進化した動物には、免疫システムという、外部から侵入する病原体から身体を防御するシステムが備わっています。さまざまなシステムがあるのですが、ここで問題にするのは、いわゆる抗原抗体反応を起こすときの、抗体の仕組みについてです。

免疫システムを持った生き物の体内には抗体（免疫グロブリン）と呼ばれるものが備わっています。この抗体は、それ自身では特に何かをするようなものではありません。言ってみれば、ニュートラルなギアに入っているようなもので、単体で何らかの働きをするわけではありません。

抗原（病原体）が体内に侵入すると、その抗原に合わせて自身を変化させ、抗原を撃退する役割を果たすようになります。病原体にはさまざまな種類がありますし、似た病原体でもさまざまに変化するため、免疫は病原体が侵入するごとに自分を作り替えていかなければなりません。

はしかや水疱瘡《みずぼうそう》、おたふくかぜなどが、一度罹《かか》ると二度と罹らないと言われているのに対し（実際には複数回罹る人もいるようですが、一般的にはこう言っていいでしょう）、インフルエンザには何度も罹ってしまうというのは、前者の病原体は変化が小さいので過去に獲得した免疫が有効に作用するのに対して、後者の病原体は短いサイクルで大きく変わるため、過去の免疫が有効に作用しないからです。

このように、免疫（抗体）は自分自身では自我というものを持ちません。抗原（病原体）が現れて初めて、自我を獲得できるわけです。

だとすれば、免疫にとって自我とは「病原体との反応」だということになります。他者との関係によってしか自分を説明できないという点で、人間の自我とそっくりなのです。

先ほど、自我を定義しようとするとき、重要だと思えるものを順に並べていくということを述べました。これを「重要性関数」もしくは「評価関数」と言います。

自我とは、宇宙の中で自分にとって重要なものを並び替える重要性関数であるとも表現できるのです。自我の定義はいろいろある、と言うか、一義的に定義できないため、いろいろな側面から見ていくことになるのですが、その一つの側面にこの重要性関数という見方があるわけです。

「コーヒーと紅茶とどっちが好きですか」と聞かれて、「コーヒーです」と答えたとすれば、それも一つの自我です。そのとき、「私にとっては紅茶よりもコーヒーのほうが重要である」というように、重要性という基準で宇宙の一部を並べ替えているのです。

ただし、これは本質的な自我ではありません。何度も言う通り、この方法によって自我を完全に定義することは不可能だからです。この方法では、宇宙を自分の基準で評価するものが自我である、あるいは、評価することによって自我が生まれることになってしまいます。本来はそうではないはずです。

免疫システムでも、病原体によって自我が生まれるというよりは、病原体と免疫との関係、縁起によって自我が生まれると言ったほうが正しいのです。免疫自身が病原体を選んで評価しているわけではなく、何らかの縁起によって出合った免疫と病原体の関係によって、免疫の自我が決定するからです。

人は自我を、自分の基準で評価する評価主体であると捉えがちです。子どもの自我が芽生えると言うときの自我もたいていはそういう意味です。自分のやりたいこととやりたくないことの区別がつく、好きなものと嫌いなものとの切り分けができるようになることを、子どもの自我が芽生えてきたと表現します。

しかし、例えば釈迦はそうした評価を下しません。

たいていの人はAとBのどちらが好きかと問われれば、何らかの基準によってどちらかを選びだします。例えば「お父さんとお母さんとどちらが好きか」と言われたら、多少迷うことはあるかもしれませんが、何らかの基準で選ぶことは可能です。「お母さんとゴリラ」だったら、迷うこともないでしょう。

ですが、釈迦はここで迷うのです。釈迦は宇宙の構成要素に順番をつけることができないのです。縁起による重要性がすべて同じだからです。

本質的な自我は、釈迦のように、宇宙の構成要素を重要な順番に並べるということができません。しかし、子どもが大人になるにつれて、評価関数としての自我を身につけ、どんどんと釈迦から遠ざかってしまうというのが現実です。

高度に進化した脳だけが「死」を理解する

「死」という概念を理解するには、高度に進化した脳による、抽象的な思考が必要です。

かなり高度に進化した脳でないと抽象思考は難しく、一般的に「死」を理解するのは人間だけではないかとされています。

象は死を理解できる数少ない種だという説もありますが、単に、反応がなくなった相手とコミュニケーションができなくなって不都合だと感じているだけかもしれず、よくわかっていません。

類人猿でも、死んでしまった自分の子どもを母親はいつまでも抱きかかえると言いますから、人間のようには死を理解していないと考えられます。少なくとも、丁重に葬ろうとか、冥福を祈ろうなどということはしません(丁重に葬ったり、冥福を祈ることが正しいかどうかは別問題ですが)。

ただし、抽象的な思考とまでいかなくても、ある程度の抽象化能力がある生き物はたくさんいます。ある程度の抽象化能力がないと、その生物はやがて絶滅してしまうのです。

なぜ、抽象化能力がないと絶滅してしまうかというと、環境が変わって、それまで食べていた食べ物がなくなってしまったとき、食べられそうな別のものを食べ物として認識できないからです。たとえて言えば、笹の葉ばかり食べていたパンダが、環境の変化で笹が全滅してしまったとき、その環境に適応できて生き残った別の植物の葉を食べ物として認識できるかどうかということです。もし、「笹じゃないけど、これも食べられそうだぞ」

と思って食べることができれば、絶滅を逃れることができます。しかし、「これは笹ではないから、食べ物ではない」と思ってしまったら、絶滅するしかありません。

これが抽象化能力があるかどうかということです。食べ物という概念の中に複数の要素があって、Aという要素もBという要素も、結局は「食べ物」というくくりにすれば同じだとわかる力です。

「死」について悩んだり、迷ったりするのは、脳が進化した証拠であり、抽象化能力が優れている証拠とも言えるわけです。

「一人一宇宙」ということ

宇宙はビッグバンという大爆発から始まり、その前は時間すらなかったとされています。高度に発達した現代物理学が導きだしたこの結論は、おそらく論理的には間違いないのだと思います。

ただし、これは私たちが共通認識として「ある」と信じている、いわゆる「物理宇宙」というものの話です。私のこれまでの著作をお読みの読者には繰り返しになりますが、人間の脳というのは、世界（＝宇宙）を正確に認識できているわけではありません。

交差点の赤信号で止まっていて、信号は視界に入っているはずなのに、ぼうっとしていたために青に変わっても気がつかないで止まっていたという経験はないでしょうか。青信号の視覚情報、青い色の波長は目の中の網膜を刺激し、視神経を通って、脳に達しているはずです。にもかかわらず、認識できなかったわけです。

人は、自分ではありのままの世界を認識していると思っているかもしれませんが、世界のほんの一部を、しかもかなり都合のいい形に変形させて認識しているのです。

また、宇宙というのは絶対的に無条件に存在しているのではなく、その宇宙を見ている私たち観測者も宇宙を構成する要素の一部です。

何もないはずの真空状態の空間でも、観察してみると、なぜか素粒子＝物質が観測されます。真空というのは、物質が何もない状態のはずなのですが、調べてみると物質があるのです。これは、観測という行為がエネルギーを持っているため、観測によって物質が生まれてしまうのだと考えられています（$E=mc^2$というアインシュタインの相対性理論の方程式により、エネルギーがあればそこに質量もあるということになります。それが観測という行為によって証明されてしまったわけです）。

ここで言いたいのは、あなた自身も宇宙を構成する一要素であり、観測という行為一つを取ってみても、あなたが宇宙に与える影響はけっして小さくないということです。

もう一つ知ってほしいのは、私たちの脳が世界（＝宇宙）を正確に認識できないのだとしたら、「誰もが共通に認識できる物理宇宙」というものは誰にも認識できないということです。誰にも認識できないものを現実的に「ある」とは言いにくいでしょう。つまり、「あるとも言えるし、ないとも言える」「あるとも言えないし、ないとも言えない」という、前章で見た「空」の概念にたどり着くことになります。

では、宇宙とはどういうものなのでしょうか。

先ほど言ったように、私たちは一人ひとりが、宇宙を構成する要素です。あなたと宇宙とは切り離せないわけです。そして、あなたが宇宙だと認識しているものは、あなたの脳の中にしかありません。私はこれを「情報宇宙」と呼んでいます。読んで字のごとく、情報としての宇宙です。あなたが「これが宇宙だ」と認識している宇宙ということです。

この「情報宇宙」があなたの脳内にあるということは、理解してもらえると思います。むしろ、純粋な「物理宇宙」というものを誰も認識できないのだから、宇宙とはこの「情報宇宙」以外にないのだと言えます。

物理学者が「物理宇宙」の研究をするのは何の問題もないですし、どんどんやっていただきたいのですが、私たち一人ひとりは、私たちの認識できる「情報宇宙」について考えていくほうが大いに意味があるでしょう。純粋な物理宇宙を認識できない以上、「死」や「生」を考えるうえで重要になるのは「情報宇宙」のほうです。

さて、こうして「情報宇宙」というものを考えてみると、人間が一〇人いたら、一〇個の「情報宇宙」があるということになります。六六億人いたら、六六億個の「情報宇宙」があります。

つまり、人の数だけ宇宙がある「一人一宇宙」ということになります。

このように捉えることができると、生と死について、これまでとはかなり違った視点で見ることができるようになるのではないでしょうか。

第4章

「死」の恐怖を克服する

「いわれのある恐怖」と「いわれのない恐怖」

この章では、「死」と「恐怖」について見ていくことで、死への恐怖を克服するためのヒントについて考えていきましょう。

みなさんは、どんなときに恐怖を感じるでしょうか。実は恐怖には「いわれのある恐怖」と「いわれのない恐怖」の二種類があります。「恐怖する必要のある恐怖」と「恐怖する必要のない恐怖」と言ってもいいかもしれません。

「いわれのある恐怖＝恐怖する必要のある恐怖」とは、例えば、通り魔が刃物を振り回しながら近づいてきたなど身体に危険が迫っているような恐怖です。このとき、恐怖を感じるのは当然です。恐怖を感じるからこそ、通り魔の脅威をどう回避するかを考えることができるわけです。ですから、こういう場合の恐怖はいわれがあり、必要がある恐怖なのです。

これに対して、「いわれのない恐怖＝必要のない恐怖」とは、例えば、明日、五〇〇万円用意できなければ、不渡りを出して会社が倒産するというケースで、「五〇〇万円用意できなかったらと思うと恐ろしくて眠れない」というような恐怖です。このケースでは、恐怖を感じている暇はないはずです。そんな暇があったら、何とかして五〇〇万円用意する手立てを考えるか、工面に奔走するしかありません。「どうしよう、どうしよう」と悩むのは時間の無駄なのです。

「恐ろしくて眠れない」ということは、すでに夜なのでしょう。だとすれば、銀行は開いていませんから、明日の朝九時までは、悩む必要はありません。そう割り切って眠ればいいのですが、どうしても眠れないのなら、五〇〇万円集めるための方法を何種類も考えればいいでしょう。集められる可能性の高いものから順位をつけて、朝になったら上から順に実行すればいいでしょう。

仮に集められなかったとしても、会社をたたんで、一から出直せばいいだけです。命まで取られることはありません。むしろ、借金を整理した状態からやり直せますから、現状よりも良くなる可能性のほうが高いくらいです。こう考えられれば、なおさら「いわれのない恐怖」だということがはっきりします。

あるいは「霊が怖い」というのも「いわれのない＝恐怖する必要のない」恐怖です。そもそも霊はいません。あえて「いる」と仮定しても、自分のご先祖様の霊とか、子どもの頃かわいがってもらったおじいちゃんの霊だったら、怖いどころか、うれしいとかなつかしいという感情になるべきことです。

このように、怖がる必要など、はなからないものが「いわれのない恐怖」です。恐怖する対象がそもそもないのです。

「いわれのある恐怖」なら、その恐怖の理由を取り除く努力をすればいいでしょう。「いわれのない恐怖」なら、そもそも恐怖すること自体が無駄だということになります。

恐怖は人を支配する

恐怖という感情は、みなさんが考えている以上に強い力を持っています。恐怖の力を利用すると、人はいとも簡単に支配できるのです。

例えば、誰かに「お金をくれ」と言われたとしても、普通は「嫌だ」と言って断るに違いありません。しかし、その誰かが拳銃を突きつけて、「お金をくれ」と言ったとしたら、どうでしょうか。

「命を助けてくれるなら、有り金全部持っていってもかまわない」となるのではないでしょうか。拳銃を突きつけられるという恐怖に支配され、相手の言いなりにならざるを得なくなってしまったのです。

あるいは、これとは少し質が違いますが、恐怖によって引き起こされる「ハイパーラポール」というものがあります。強い臨場感空間の支配者になると、被支配者は支配者に対して、強力な親近感を覚えてしまうというものです。

ハイパーラポールの最もわかりやすい例が「ストックホルム症候群」です。スウェーデンのストックホルムで起こった銀行強盗事件で、警官隊が突入した際、人質が犯人をかばうような言動を取ったのです。それどころか、のちに人質の一人が犯人と結婚してしまいました。銀行強盗の人質になるというのは、非常に強い恐怖を伴います。この恐怖という臨場感空間では、犯人は支配者であり、人質は被支配者です。こうした状況で、被支配者が支配者に対して親近感を覚えるのが「ストックホルム症候群」と呼ばれるものです。

親や先生が子どもを強く叱ることで言うことをきかせようとするのも、ハイパーラポールを利用した恐怖による支配です（ただし、恐怖が弱まるとハイパーラポールも弱まるため、支配者は常に恐怖を植えつけ続ける必要があります）。

こんなふうに、**人は恐怖を植えつけられると、他人に支配されやすい状態になってしまうのです。恐怖は人を支配するための、強力なツールなのです。**

霊感商法というものがあります。もう廃《すた》れているのかと思いきや、いまだに騙《だま》される人が後を絶たないと言います。「あなたは呪われている。この壺を買えば呪いが解ける」とか、「この壺を買わないと地獄に落ちる」などと言われて、びっくりするような値段で思わず壺を買ってしまうというのは、恐怖によって詐欺師に支配されてしまったからです。詐欺師はまず相手に恐怖を植えつけます。そして、その恐怖を取り除けるのは、この壺だけだという論法で攻めてきます。恐怖から逃れるためには、高いお金を払うしかないという状況に追い込むのです。

もしあなたが、何かに恐怖を感じたとしたら、まず「誰かが支配しようとしているのではないか」と疑ってみる必要があります。「この恐怖は誰かが意図的に私に植えつけようとしているのではないか」と考え、「もしそうだとしたら、その意図は何か」を探します。それがわかれば、恐怖する必要などないとわかることでしょう。誰かが意図的に植えつけたのではないとしても、それを利用して支配しようとする人が出てくる可能性もあります。ですから、恐怖を感じたときには、「誰かが支配しようとしてくるかもしれない」「誰かが騙そうとしてくるかもしれない」と冷静さを失わずに警戒しなければなりません。

DNAに埋め込まれた恐怖

恐怖には、遺伝子に組み込まれているとしか考えられない、生物固有の恐怖というものもあります。

例えば、どんなに脅かしてもまったく動じなかったサルの目の前に、くねくねした細長い紐を投げたところ、「ギャー」と叫んで一目散に逃げ出したという実験結果があります。サルは、ヘビを恐怖すべき生き物と認識するようで、それが本物のヘビではなくても、ヘビのように細長くてくねくねしているだけで、本能的に恐怖が生じてしまうのです。

調べたところ、サルが恐怖を感じる瞬間、脳内の扁桃体《へんとうたい》というところにある部分が、強く反応していることがわかりました。サルはここに、「細長いくねくねしたものは恐ろしい」と感じる領域があったわけです。これは人間にもあると考えられています。ただし、人間の場合は、くねくねした細長い紐を見ても、怖いとは思いません（完全にヘビと勘違いすれば別でしょうが）。

では、人間は何を怖がるのか。いくつかあるようですが、私の知っているものに、インド密教の「呪いのマントラ」があります。

このマントラ（呪文）、私も聞いたことがあるのですが、とにかく理由もなく怖い。このマントラは人間の本能的な恐怖、遺伝子に組み込まれている根源的な恐怖を自由に引き起こすことができる「悪魔の呪文」なのです。

このマントラの持ち主は、人を支配する力を持ったことになります。インド密教に限らず、宗教というのは、恐怖合戦のような側面があります。神の言うことを聞かないと地獄に落ちるというのも、恐怖によって支配しようとする行為と言えます。

もちろん、反対に「天使の呪文」もあります。聞くだけで心地よい情動を引き出してくれるものです。たいていは、呪文というよりも音楽という形を取ります。教会音楽などは、もともとはそういう使い方だったに違いありません。

「天使の呪文（音楽）」を作れる人は、「悪魔の呪文（音楽）」も作れます。単に、情動を逆向きにしてやればいいだけです。「悪魔の音楽」を聞かせてさんざん怖がらせた後で、「天使の音楽」を聞かせれば、相手はイチコロでしょう。

インカ帝国やマヤ文明、アステカ文明がなぜ滅んだのかについて、まことしやかに唱えられている説に、やってきた白人を見て、その顔と目や髪の色で神様と間違えてひれ伏したというものがあります。私はこの説を採りません。あれほど高度な文明を築いた人たちが、目や髪の毛の色が違うだけで神様と勘違いするなんてことは、到底、考えられないからです。

それに、それまでにも西洋人は何人もやってきていただろうと考えられるからです。アメリカ大陸はコロンブスが発見したとされていますが、それはコロンブスだけが記録に残せたというだけであって、本当はもっと以前に、何人ものヨーロッパ人がアメリカ大陸に渡っているはずなのです。ただ、残念ながら、現地で原住民に殺されたり、病気で死んでしまったために、アメリカ大陸があったという情報をヨーロッパに伝えることができなかったのです。

では、インカ帝国やマヤ文明、アステカ文明を滅ぼしたヨーロッパ人は、なぜ原住民に殺されなかったのか。それはイエズス会の宣教師を一緒に連れて行ったからです。彼らは「天使の呪文」のみならず、必要なら「恐怖の呪文」も使えるキリスト教布教の戦士だったからです。インカ、マヤ、アステカの神官たちよりも上手な呪文の使い手だったと言えるでしょう。

DNAに組み込まれた恐怖ですから、誰も抗《あらが》うことはできなかったはずです。「恐怖のマントラ」だと知っている私でさえ恐怖を感じたのですから、昔のインカ帝国の人たちでは、まず太刀打ちできません。

こうして、恐怖で人を支配してしまえば、高度な文明を持った国でも滅ぼすことができてしまうのです。

二一世紀に「恐怖」の感情は要らない

人類の歴史において、恐怖という感情が必要だった時代が確かにありました。ヘビを恐れることでヘビから身を守ってきたサルたちのように、人類の存続、種の保存を脅かすような存在を恐れることで、事前に危険を察知し、回避して、生き延びてきたのです。

暗い場所が怖いという感情は、暗いところには人類にとって有害な生物がいる可能性があるから起こるのです。これは生きていくうえで必要だった本能的な防衛反応なのです。

ですが、二一世紀となった現在、人類はその危険をさまざまな形で回避できるようになりました。つまり、恐怖する必要がなくなったのです。先ほど述べたように、いわれのある恐怖はそのいわれを取り除く行動を取ればいいのですから、恐れる必要はありません。いわれのない恐怖は、いわれがないのですから、恐れる必要はありません。いずれにしても、恐怖は必要ないのです。

恐怖が人を支配する力(コントロールする力)を持つことは見てきた通りです。恐怖を感じるということは、人に支配される(コントロールされる)危険性を高めていることと同じです。「核抑止力」などという言葉があります。「核爆弾を落とすぞ」と脅す核の恐怖によって平和が保たれるという論理らしいですが、これはまったくの詭弁《きべん》です。そもそも、敵が攻めてくるという恐怖がなければ、戦争は起こりません。はなから抑止力なんてもの自体が要らないのです。恐怖は平和どころか、人々を支配し、コントロールする力に利用されてしまいます。恐怖があるから、人々は自由を奪われてしまうのです。

「死」に対する恐怖も同じです。「死にたくなければこのサプリメントを買え」、「死にたくなければこのメタボ指導を受けろ」。みな、「死」への恐怖を植えつけて、それにつけ込んで、自分たちの都合のいいようにコントロール（金儲けのためのカモに）しようとしているだけです。

死を恐れる恐怖には、あの世が怖いというものもあるようです。あの世が怖いというのは、たいていの場合、死後、地獄のような恐ろしいところに行くのが怖いということのようです。ですが、もちろん、地獄というのは妄想です。

地獄を最初に紹介したのは、平安時代の僧で『往生要集《おうじょうようしゅう》』という書物を著した恵心僧都《えしんそうず》（源信《げんしん》）だと言われています。彼は民衆を怖がらせることにより仏教を広めようとしたのです（宗教はだいたいそういうもので、恵心僧都を責めることはできません）。恵心僧都が紹介したのは地獄絵図というものです。さまざまな拷問や苦役を与えられる地獄の様子を描いたものですが、実はこれらは中国で実際に行われていた拷問をそのまま絵にしたものでした。

地獄どころか、現実の世界で人間が人間に対してやっていたことを考えると、そっちのほうが恐ろしくなりますが、とにかく、民衆を怖がらせたわけです。

恐怖心を克服するには

「いわれのある恐怖」なら、その理由を取り除けばいいし、「いわれのない恐怖」なら、そもそも恐怖すること自体が無駄である。

頭でわかっていても、出てきてしまうのが恐怖心のやっかいなところです。それこそ「悪魔のマントラ」を唱えられてしまったら、かなり強い精神力がないと恐怖心に耐えることはできないでしょう。

では、恐怖心に打ち勝つような強い精神力はどうすれば身につくのでしょうか。私がお勧めしたい方法は、「恐怖をあえて最大限にまで強めてみる」というものです。想像でもいいし、実際に怖い体験をして強めてみてもいいでしょう。怖いと思っていたことがさらに最悪の事態を引き起こし、最大限に恐ろしい状況になったと仮定して、その状況をリアルに思い浮かべてみるのです。

そのあとで、冷静になって、その恐怖を分析します。すると、たいていのことは何とかなることがわかります。耐えられない状況になることはあまりありません。人が「怖い」と思うことというのは、実際にはたいしたことはない場合がほとんどです。普段、多くの人が普通に暮らしていることを考えればわかるでしょう。耐えきれないほどとんでもない事態というのは、人生でそうそう起きるものではありません。

「ゴキブリが怖い」というレベルから始まって、「失恋が怖い」「失業が怖い」というよくある話や「霊が怖い」「たたりが怖い」というオカルト系の恐怖、あるいは「怒られるのが怖い」などという恐怖もあります。

「ゴキブリが怖い」のであれば、そのゴキブリが自分にどんな危害を加えるのか、最大限の危害を考えてみればいいでしょう。人間がゴキブリに危害を加えることはあっても、逆はまずありません。そう考えられれば、ゴキブリを怖がる理由はないとわかり、どんなにひどい目にあっても、ゴキブリが自分に仕掛けてくる攻撃はこの程度だ（ゴキブリは普通、攻撃してきませんが）と思えるようになるでしょう。

例えば「スズメバチが怖い」のであれば、これはいわれのある恐怖ですから、「スズメバチに刺されないためにはどうすればいいか」を考えれば済みます。

「失恋」とか「失業」も最大限大きくしてみれば、「別に命まで取られるわけじゃない」とわかります。「怒られるのが怖い」というのも、「最大に怒られてもこの程度」とわかれば、事前の心構えもできて、恐怖も薄れてくるでしょう。

あるいは、女性の場合、夜道が怖いというのもあるかもしれません。夜道で後ろから無差別殺人鬼が襲ってくるかもしれないというような恐怖です。しかし、日本でそんな殺人鬼に出くわす確率は実際に低いものです。恐怖するなら、出くわしてからでも遅くはありません。それよりも、交通事故にあう確率のほうが断然高いのですから、夜道では車に気をつけたほうがよほど有意義です。

恐怖を想像の中で最大限に大きくしてみれば、現実は必ずそれより小さいわけですから、冷静に分析できさえすれば「たいしたことないや」と思えるようになります。

恐怖を日常のスパイスに

恐怖という感情は二一世紀には必要ないものだと強調してきました。

ただ、一〇〇パーセント、完全否定しているわけではありません。恐怖さえも、高い視点からしっかりとコントロールできているのであれば、変化の少ない日常生活に加えるちょっとしたスパイスとして味わってもかまわないと思っています。ラブストーリーの映画が大好きだという人でも、そればかり見ていたら、どこかで飽きがきます。そんなとき、ふとホラー映画が見たいと思ったとしても、それはかまわないということです。

ホラー映画と同じように、死の恐怖も娯楽にしてしまえばいいのです。

毎日が平凡、あるいは楽しいけれどちょっとマンネリ化して、飽きてきてしまったというとき、「死ぬのが怖い」という恐怖も日常生活のスパイスになるわけです。

「死ぬのが怖い」と思ったら、「今日のホラー映画はなかなかおもしろかった」と思えばいいでしょう。ハッピーエンドの映画ばかりではつまらないと思うのは当然ですから、むしろ健全だと思えばいいのです。

死の恐怖をホラー映画のような娯楽として人生に取り入れることができれば、もうあなたは完全に死の恐怖からは解き放たれていることでしょう。死の恐怖から解き放たれれば、霊感商法やカルト教団に騙されることもありません。あなたの自由を奪う要素を、一つ、取り除くことができたのです。

そして、次章で見る内容も、しっかりと頭に入ってくることでしょう。

第5章

「生きる」とは何か

歩くために歩く

人生の目的とは何なのでしょうか。

釈迦にまつわるこんな話があります。

釈迦は、弟子たちとともに、北インド地方を歩き続けました。北インドには雨季があり、道が泥沼のようになるため、その時期だけは精舎《しょうじゃ》にこもっていたのですが、それ以外はずっと歩き続けていました。

釈迦は布教というよりは、自らの悟りを目指していましたから、歩き回ることに大きな意味はないはずです。もちろん、目的地もありません。

あるとき、弟子が釈迦に尋ねました。

「いったい、私たちは何のために、どこを目指して歩いているのでしょうか」

釈迦はこう言いました。

「歩くために歩いている」

つまり、歩くことそのものが目的だというわけです。

当時の人たちにとっては、非常に奇異に見えたようですが、現代の私たちにはまったく違和感のない話だと思います。「ドライブに行こう」と言うのと同じだからです。「ドライブに行く」と言うとき、それは「ドライブそのものを楽しむ」ことを意味します。一応、「海に行こうか」とか「山に行こうか」といったことは決めますが、そこへ行くことが目的なのではなく、ドライブという途中の過程を楽しむことが目的のはずです。

人生の最終目的地は明らかに「死」です。「天国」という人がいるかもしれませんが、死ななければ行けないのですから、同じことです。

「天国に行きたいなら、今すぐに天国へ送ってやるよ」と言っても、相手には喜ばれません。それは人生の目的が、最終地点にたどり着くことではないからです。ドライブをする目的がドライブそのものなのと同様に、人生の目的とは「人生を生きること」なのです。せっかくドライブするなら、その時間を目一杯楽しんだほうがいいのと同じで、せっかく生まれてきたのなら、生きているその時間を目一杯楽しんだほうがいいということになります。

釈迦が言った「歩くために歩く」とは、すなわち「生きるために生きよ」というメッセージなのです。

自分の行為を意識に上げる

よく、「一瞬一瞬を大切に生きよ」などと言う人がいます。間違いとは言いませんが、大切か大切じゃないかという話ではないと私は思います。大切に生きるに越したことはないのでしょうが、それはその人の情動の問題であり、また、何らかのゴールに向かう際に無駄なことをしないという意味にもなってしまいます。

私が重要だと考えているのは、いま、生きているということを意識にしっかりと上げるということです。

呼吸している自分のその呼吸を意識に上げる。歩いていたら、足の裏が地面につく一歩一歩を意識に上げる。ごはんを食べていたら、ごはんの味、におい、温度、色、歯ごたえなどを意識に上げる。

なぜ、意識に上げることがそんなに重要なのでしょうか。

睡眠には、レム睡眠とノンレム睡眠の二種類があります。レム睡眠とは夢を見るようなやや浅い眠りで、ノンレム睡眠とは夢も見ないような深い眠りです。

ノンレム睡眠時、人は、状態としては死んでいるのと変わりません。もちろん、呼吸はしていますし、心臓は動いていますし、代謝もしていますが、その間は意識の状態としては、完全に何もないのと同じ状態になっているのです。

ノンレム睡眠時、自分の呼吸を意識に上げることはできません。自分が眠っていることすらわかりません。自分の呼吸を意識に上げるだけで、ノンレム睡眠状態からは抜け出すことができるのです。

自分の行為を意識に上げるというのは、自分という自我の外側から自分を見ることです。覚醒状態とは、常に自分を自我の外側から見ることなのです。

自我と宇宙とは同じものだという話はすでに述べましたが、ということは、宇宙をも外側から見なければならないということになります。外側というと何か難しいように感じるかもしれませんが、宇宙や自分を外側から見るためには、高い視点から、高い抽象度で俯瞰するように見ればいいのです。

自分の行為を意識に上げるように心掛けるだけでも、自分を俯瞰する方法がわかります。その方法でいろいろな角度から、自分の行為を意識に上げる習慣をつけることで、あなたは生きているいまを実感し、覚醒を実感することでしょう。

「機能」という視点

人生は、ただ生きるために生きるわけですが、実はもう一つ、生きるということについて重要な視点があります。それは「機能」という視点です。簡単に言えば、社会とか宇宙に対するその人の「役割」と言ってもいいでしょう。

第三章で述べた重要性関数（評価関数）というのは、別な言い方をすれば「機能関数」とも言えます。例えば、自分が卒業した学校と言うとき、自分にとってその学校は、卒業したという機能、あるいは学歴という機能です。同時に学校にとってあなたは卒業生という機能を持つことになります。

自我を定義しようとして延々といろいろな関係を述べていく話をしましたが、それはまさに自分に機能を付加していく（自分の機能を確認していく）行為なのです。すべてのものと自分との関係が自我を決めていくとすれば、自我とは宇宙に対して果たす機能の集合体であると言うこともできるわけです。

存在には、必ず機能が備わっています。ただ、その重要性はさまざまです。イエス・キリストが生きているうちに果たした機能によってキリスト教が生まれ、二〇〇〇年も経ったいまでも、世界の人口の半分ほどに強い影響を与えています。これはキリストが、生きている間に果たした機能です。

いつもぼうっとテレビばかり見ている人は、テレビの前の壁と何ら変わらない機能しか果たしていないことになります。機能とは存在に備わるものですから、人間に限りません。コピー機はコピーをするという機能を果たしていますし、電話は離れた人と話をできるようにするという機能を果たしています。

また、人間を含む生物の多くは、種の保存のために子孫を残すという機能があります（たまに、人間でも種の保存の機能しか果たしていなかったり、会社にいてもコピー機と同じような機能しか果たしていない人もいますが）。

こんなふうに、機能にはさまざまなものがあるのですが、少なくとも人間は、自分自身の機能をある程度、自分自身でコントロールすることができます。重要な機能を果たしたいと思うのであれば、生きている間が、唯一最大のチャンスなのです。

生きている間の機能は死後も続きます。影響の大小はありますが、消えてなくなることはありません。

自分を見つめ、宇宙を見つめる

機能という視点がわかると、「何のために生きるのか」という命題にも新たな視点が生まれます。**本質は、「生きるために生きる」わけですが、そこに機能を付加する自由も私たちにはあるのです。**

「自分探し」とか「生きる目的探し」が流行ったり、そうしたことを考えがちな時期、年齢というものがあります。機能、役割を見いだせないと悩むわけです。

なぜ、機能が見いだせないのか。

それは、自我を見ていないか、宇宙を見ていないかのどちらかだと思います（結局は同じことですが）。

宇宙（もちろん、地球外空間という意味ではなく、森羅万象＝目の前のもののことです）を見ていれば、機能はいくらでも見つかるはずなのです。

おそらくは、暇すぎるのだと思います。子育てで忙しいお母さんは、「自分探し」など考えません。考える暇がありませんし、子育てというしっかりとした機能を果たしているからです。子育ての合い間の、ふとした瞬間に「子育ての機能しか果たしていない自分」に疑問を持つことがあるかもしれませんが、それは前向きな思考ですから問題ないでしょう。これに気づいた瞬間に、宇宙を見つめればいいだけです。

今ほど豊かではなかった原始の時代、人間は常に食糧を求めて行動していました。朝から晩まで、食糧探しです。この時代はみな、捕食という機能、生き残って種を保存する機能ばかりを果たしていたことになります。捕食で忙しく、自分探しなどしている暇はなかったでしょう。

何をしたらいいかわからない、自分の機能が見つからないという人は、「自分は暇なのだ」「中世の貴族みたいなものだ」と思えばいいでしょう。貴族は荘園の農奴たちが働いてくれるおかげで、働く必要がなく、捕食と種の保存、そして、芸術や演劇といった若干の趣味らしきものだけで生きていました。それとあまり変わらないということです。

親の収入で生活しているニートたちは、農奴が親に変わっただけで、貴族と同じです。もちろん、それでいいと言う人は別にそれでもいいのです。とりあえず、親が死ぬまでは貴族として生きられるでしょうし、いくばくかの財産でも残してくれれば、その後もある程度までは貴族的に生きられることでしょう。その自由に対して、私がとやかく言う権利はありません。

ただ、「自分はこれでいいのか」とか「自分が生きている意味は何なのか」と悩むのであれば、しっかり宇宙を見つめて、果たすべき機能を見つけなさい、ということです。

自分は何がやりたいのか。

一晩中、インターネットで書き込みをするだけのマシンの機能を果たしたいのか。それとも、他にやりたいことがあるのか。

自分を見つめ、宇宙を見つめ、よく考えるのです。そして、自分がどういう価値を持ちたいかが見えた瞬間に、やりたいことが決まり、あなたの果たすべき機能もわかります。

ただし、やりたいことがあったと思っても、実は人から植えつけられていただけという可能性もあります。ここには注意が必要です。

私の他の著書でもよく書いていることですが、ほとんどの人は、他人に植えつけられた価値観を、自分の価値観だと思い込んで生きています。

しかし、たいていは親の価値観だったり、幼稚園や学校などで植えつけられた価値観だったり、テレビで見た番組の価値観だったりすることがほとんどなのです。

子どもの頃はまず親に価値観を植えつけられます。幼稚園や小学校に入ると、先生の価値観も強く植えつけられます。人の話は黙って聞きなさいなどと言われ続ければ、人の意見を待ち続ける人間ができ上がるのも当然でしょう。自分で何も決めない教育を受けてきた人が、「自分の機能がわからない」と悩むのは、ある意味、必然なのかもしれません。

そんな人が大人になれば、テレビの言いなりです。

納豆でやせると聞けば、スーパーから納豆がなくなり、バナナがいいと聞けばバナナが品切れになるというのは、自分の頭で何も考えず、捕食の対象までテレビに決めてもらっているという人がいかに多いかを物語っています。

生まれたときから大人になるまで、ずっと他人に機能を決めてもらってきて、いきなり自分で機能を決めようと思ったときに迷ってしまう現代の人たちと、朝から晩まで食べ物を探すという機能だけを果たしてきた原始時代の人たち。どちらが幸せなのかと考えると、なんとも言えません。

あなたの宇宙はあなたが主人公

他人に機能を決めてもらうということは、他人の宇宙を生きているのと同じです。すでに書いたように、**「一人一宇宙」なのですから、あなたが他人の宇宙を生きてしまったら、あなたの宇宙は存在しないのと同じです。**

つまり、あなたの自我も存在しないのと同じであり、あなたは生きていないのと同じです。

自分で選択しなくても、親や学校やテレビが選択してくれて、自動的に機能を植えつけてくれれば、あなたは何もしなくても自動的に生き、時がくれば自動的に死ぬことになります。

繰り返しますが、それでもいいのであれば、何も言うことはありません。

でも、「一人一宇宙」である以上、あなたの宇宙はあなたのものであり、隣の人は関係ありません。親であっても、学校の先生であっても、あなたとは違う宇宙の住人なのであり、あなたの宇宙の主人公はあなたしかいないのです。

あなたは宇宙のたった一人の主人公であり、その主人公の役割、主人公にどういう人生を送ってほしいかは、あなたが決めることができるのです。

ただし、それを決められるのは、あなたが生きている間だけです。生きている間に決め、機能を果たすことで、縁起が生まれます。これには、物理的縁起だけでなく、情報的縁起も含まれます。情報的縁起は死後も続きます。

情報的縁起とは、単にあなたの名前が後世に残るということとは違います。

あなたの果たした機能の航跡が、後世の人たちにも影響を与え、あなたの果たした機能そのものが生き続けるということです。

この情報的縁起が続けば、あなたの宇宙は消えません。

あなたの宇宙が消えなければ、あなたの自我も消えません。

いま、生きているこの瞬間だけが、あなたの宇宙を消さないためのチャンスの瞬間なのです。

あなたは、自分という主人公にどんな役割を与えたいですか。自分と宇宙を見つめて、しっかりと考えて決めてほしいと思います。

おわりに　いま、この時を生きよ

天台大師智顗《てんだいだいしちぎ》の教えに、「一念三千《いちねんさんぜん》」というものがあります。人間の一瞬の心の中に、現在、過去、未来のすべての現象が入っているといった意味です。

死後の世界を想像するのはみなさんの自由です。しかし、それは明日どんなことが起こるのだろうと考えるのと大差はありません。そこで考えたことは、起こるかもしれませんし、起こらないかもしれませんが、いずれにしてもその時点ではあなたの妄想に過ぎません。

明日のことを考えるのが妄想ならば、昨日のことを回顧するのも妄想です。そこにはあなたの記憶とか、心と呼ばれるものの作用だけがあるのです。

昨日や明日のことを妄想するのも自由です。でも、それだけでは生きているとは言えません。日々の生活をより輝かせるための、娯楽とか息抜き、ちょっとしたスパイスとしてなら、妄想もむしろ有効でしょう。しかし、妄想の世界にどっぷり浸かってしまい、妄想と現実との区別もつかないというのでは、果たして生きていると言えるのでしょうか。

本書を手に取ったあなたは、死について、何らかの恐れや悩みがあるのでしょう。ですが、それも心の作用であり、妄想だと気づいてほしいと思います。

今、恐れ、悩んでいるあなたは確実に生きています。生きているからこそ、恐れ、悩むのです。恐れや悩みを感じたということは、あなたが生きていることを意識できるチャンスです。

死んでしまえば、抱いている恐れや悩みは消えてなくなります。であるならば、恐れ、悩むこと自体が無意味です。生きている人で死後の世界を見た人はいません。恐れ、悩んでも答えはないのです。

恐れ、悩むなら死んでから悩んだらいいでしょう。でも、そのとき、恐れ、悩む主体はありませんから、恐れや悩みもありません。

恐れ、悩んでいるのは、「いま、生きている証拠」だと気づけば、あとはどんな機能を果たすかを考えるだけです。

どんな機能がいいかという答えを、私が出すことはできません。本書で書いたように、あなたの宇宙はあなたのものであり、私が決めてしまったら、それはあなたがあなたの宇宙を生きていないことになってしまいます。

あなたの宇宙はあなたが主人公であり、あなたがプロデューサーであり、あなたが脚本家なのです。その脚本は自由に書くことができ、またいつでも書き換えることができます。過去も未来も妄想です。あなたに与えられた時間は、いま、現在というこの一瞬だけです。この一瞬一瞬を意識し、生きていることを実感して、自らの選択で自らの機能を果たすこと。それだけが死への恐怖や悩みを忘れさせ、あなたの人生を輝かせてくれる唯一の方法なのです。

宇宙と自我は同じものでした。ならば、宇宙が消えない限り、死んでも自我は消えません。これがわかれば、自分が消えてしまうという「自己喪失感」は意味がないことがわかります。

もう一つの「自己喪失感」は「自分が無価値になる」というものでしたが、それを恐れるなら、生きているうちに、いますぐにでも価値ある機能を見つけて、その機能を果たしましょう。もしあなたが、宇宙にとって普遍的な機能を果たすことができたなら、あなたが無価値になることはありません。

その機能を見つけ、果たすチャンスは、生きているいましかありません。

二〇一〇年六月

苫米地　英人

特別付録

自分の機能をどう探すか

本文を読んでおわかりになったとおり、本書では「死」を通して「生」を見つめ直しています。「死」を考えるとは、なぜ生きているのかを考えることであり、その答えとして提示したのが「自分の機能を見つける」ということでした。

では、自分の機能とはなんでしょうか？

これについて本書では明確に示してはいませんが、考えるためのヒントは散りばめてあります。

「死とは妄想である」

「生物学的に死を定義することはできない」

「死という概念を理解するのは高度に発達した脳だけ」

「恐怖にはいわれのあるものと、いわれのないものがある」

「他者との関係性によってしか自分を説明できない」

「この世は空である」

といったところがヒントになるはずで、これまではこういったヒントを手掛かりに読者がそれぞれ自分の機能を探していたと思います。

今回『苫米地英人コレクション』シリーズで再刊されるにあたって、この『特別付録』で、「自分の機能」とは何かを探ってみましょう。

好きなように生きられない理由

自分の機能を探すといっても、何をどうしたらいいか、わからないでしょう。

「えっ、自分の機能？　それは自分の得意なことでいいのかな？」

というふうに多くの人が考えるはずです。

しかし、自分にとって得意なものが自分の機能になるかはなんとも言えません。

機能とはあくまで社会が望むものであり、社会の要請に対して、あなたは提供する側だからです。

「えっ、社会からの要請？　そんなものが自分に届いたことはないんだけど」と思った人も多いでしょう。その通りです。ほとんどの人には「あなたのこの機能を提供してください」という具体的な要請は届きません。

中学生でプロ棋士になったとか、中学生でフィギュアスケートの世界選手権で優勝したなどといった、わかりやすい特別な才能でもあれば、世間のほうが放っておかないでしょうが、普通はこういったものを持っている人はあまりいません。

ですので、「社会に機能を提供してください」というと、ほとんどの人が自分のできる範囲で、やれるだけのボランティアなどをしようとします。確かに、それで社会に自分の機能を提供しているような感じになるでしょう。

しかし、それはただ単に奉仕活動をしているだけで、本質的には自分の機能を提供しているとは言い難いのです。

それでは「社会に機能を提供するとは一体何なんだ？」というところで、さきほど挙げたヒントを思い出してください。

「死とは妄想である」とは、死が妄想であれば、当然、生も妄想にすぎないということを言っています。

「生物学的に死を定義することはできない」とは、生だって定義することはできないということです。

「死という概念を理解するのは高度に発達した脳だけ」とは、生も死も脳が見せている妄想であり、幻想だということです。

同様に、「恐怖にはいわれのあるものと、いわれのないものがある」「他者との関係性によってしか自分を説明できない」の二つもやはり、世界は妄想だということを別の言葉で言っています。

そして、「この世は空である」とは、世界は妄想であり、つまりは空である、と言っているのです。

ということはどういうことでしょうか？

この世を作っているのは人間の脳だということです。そして、脳が作りだした世界に対して、自分の機能を提供するとは、脳の命ずるままにあなたが生きるということです。

脳の命ずるままに

「脳の命ずるままに」、それは「自分のやりたいことをやる」ということです。もっと言うならば「脳がやりたいと思うことをやる」のです。

これが、脳が作り出した社会に対して、あなたが提供できる機能のすべてなのです。

ただし、ここでひとつだけ大きな注意が必要です。いくら「脳がやりたいと思うことをやる」といっても、なんでもかんでもやっていいというわけではありません。

脳には大脳辺縁系と前頭前野があります。大脳辺縁系は睡眠欲、性欲、食欲といった人間が生きていく上での根源的な欲求を司っています。一方、前頭前野とは論理的思考を司る部分であり、人間が人間らしく生きるためには欠かせないものです。

つまり、大脳辺縁系のやりたいことに従ってしまうと、どこでも寝てしまい、どこでも性欲を発散しようとし、なんでも食べようとしてしまいますが、これではケダモノです。

人間社会とは人間の高度に発達した脳が作り出した場ですから、その場に提供するものもまた高度に発達した脳が作り出したものでなければなりません。

つまり、私が言っている脳とは大脳辺縁系ではなく、前頭前野です。前頭前野は死という概念を生み出す部分であり、生と死を妄想する脳がこの部分です。

ですから、「脳に従う」をより正確に言えば、前頭前野に従うことを言います。前頭前野に従うことで、人間らしい、人間が作った社会にふさわしい機能を提供することが可能となるのです。「やりたことをやる」とは、そういう意味です。

前頭前野に従えない人たち

機能を提供するとは「やりたいことをやる」ということであり、前頭前野が望むものをやることでした。

しかし、「脳がやりたいと思うことをやりなさい」と言われても、多くの人がそれをしようとはしません。なぜ、やらないのかといえば、「やりたいことばかりやって生きてはいられない」と思い込んでいるからです。「ごく一部の大金持ちならいざ知らず、庶民が好きなことばかりやって生活できるわけがないだろう」というわけです。

しかし、私はこれまでの著書の中で何度も「そんなことはありません」と言ってきました。「私たちはやりたくないことはやらなくてもいいのです」と。

ところが、私がこれを言うと必ず、「では、生活はどうするのか？　どうやってお金を儲けたらいいんだ」という話になります。

それについての答えもすでに出しています。『Dr.苫米地式資産運用法なら誰もが絶対にrichになれる！』などの著書に書いていますので興味のある方は参照してほしいのですが、要は「お金はお金をうまく使ってくれる人のところに集まる」という基本を理解するところから始まります。

例えば、私たちがなぜお金を払ってレストランで食事をするのかといえば、レストランでは私たちが作るよりもおいしい食事を提供してくれるからです。この時、私たちが払うお金は「そのおいしい食事の対価」と考えるのが通常の説明でしょう。要は、コックさんの腕に対する技術料と考えるのが従来の考え方です。

しかし、お金という視点から考えると変わってきます。食材に対してどれだけの付加価値を与えることができるかなのです。

Aという食材を加工してBという料理ができた時、Aにどれだけの付加価値を乗せてBが完成したかがお金を払う理由のすべてです。

大した付加価値がついていなければ、私たちは二度とそのレストランには行かないでしょうし、たとえおいしい料理だったとしてもあまりにも時間がかかれば、やはり二度目に行くことはないかもしれません。

もしも同じ食材を使って、レストランと同じ、あるいはレストランよりもおいしい食事を自分で作ることができれば、私たちはそのレストランには入らないはずです。

すべては付加価値であり、それがお金の使い方です。

タクシーに乗るのも同じ理由です。目的地に楽に早く着くから私たちはタクシー・ドライバーにお金を払うのです。別にタクシー・ドライバーの運転技術が素晴らしいから対価を払っているわけではありません。

これは遊園地に行くのもそうだし、コンビニエンスストアでおにぎりを買うのもそう。私たちが自分でするよりも上手に、あるいは楽に手早くできるから、私たちはお金を払っています。

この基本的な理屈を理解しないとなかなかお金は入ってこないのです。

これ以上の話は紙数もありますので割愛しますが、さらに詳しく知りたい方はさきほど挙げた著書などを読んでください。

ともかく、私が言いたいのは、やりたいことをやりながら食べていく道などいくらでもあるということです。

そして、「やりたいことがやれない」大きな原因は実はそんなことではないのです。

もっと大きな、根源的な理由があるから、多くの人はやりたいことがやれないのです。

世界幸福度ランキングで「選択の自由」がないと判明した日本

私が問題視しているのは、「やりたいことをやって生きる」ということを頭から否定するメンタリティを多くの人が持っていることです。「やりたいことをやって生きるなんてできるわけがない」と思ってしまうだけでなく、「苦しいことを少しはしないと人間はダメになる」と本気で思い込むメンタリティ。努力や我慢を奨励する文化や習慣に問題があります。

日本人の場合は特に、このメンタリティが強いことが問題です。

なぜ、ここで「日本人」と限定したのかといえば、今年（二〇一八年）発表された世界幸福度ランキングの結果を受けているからです。

ランキングの指標は、一人当たりのＧＤＰ、福祉の充実度、平均寿命の長さ、人生の選択の自由度、寛容性、社会の腐敗度などです。

日本は一人当たりのGDPで一五六ヵ国中二二位、平均寿命で二位となかなかの好成績なのですが、総合ランキングだと五四位に落ちてしまいます。

順位が下がってしまう要因には寛容性や人生の選択の自由などの指標が低いことが挙げられます。一人当たりのGDPや平均寿命など客観的指標では高いのに、主観的指標である寛容性や人生の選択の自由度が低いために総合順位が下がってしまっていたのです。

主観的指標とは国民一人ひとりが自分の人生をどう感じて生きているかであり、幸福度の本体部分ともいえるでしょう。その部分が低いというのはかなり問題です。そこそこのGDPとトップクラスの平均寿命の長さがあるのに、主観的には幸福だと感じないということは、日本の社会が理不尽さに満ちていることをあらわしています。

理不尽なのも当然でしょう。なにしろ、「人生の選択の自由度」の数字だけを比べると日本は総合八六位の中国よりも下なのです。

いいですか、日本では、人生の選択の自由は憲法で保証されています。

しかし、中国ではどうでしょうか？　政府によるさまざまな規制がありますし、中国の国民たちもそれは知っています。例えば、中国では人民元の国外持ち出しに制限がかかっています。ですから、中国人たちはお金持ちになると国外に移住しようとするのです。

しかし、日本には政府による人権侵害などありません。であるのに、中国よりも「人生の選択の自由度」が低いというのは、一体どういうことなのでしょうか？

結局、これは憲法などの問題ではなく、日本人一人ひとりが「人生の選択には自由がない」と思い込んでいることに大きな原因があるのです。

「やりたいことばかりしていたらダメになる」という刷り込み

日本人は子どもの頃から「好きなことばかりしていたらバカになります」「遊んでばかりいたら、いい大学に入れません」という親や教師たちのお叱りの言葉を浴び続けて成人します。

一方、褒められるのはやりたくないことを我慢して続けた時がほとんど。「たくさん勉強をやったから、じゃあ、好きなことをしていいわよ、ただし五分だけ」という感じです。もしも、この五分を過ぎて好きなことを続けようとすると、「なぜ、約束が守れないの！ダメな子！」と侮蔑の言葉を浴びる結果になってしまいます。

小さな頃からずっとこんな目にあっているのですから、「好きなことをする」ことに対して能動的になれるわけがありません。どうしたって、「やりたいだけことをやるのは問題がある」と思い込んでしまいます。

もしかしたらここで「確かにそうかもしれないけれど、でも、実際の人生ではやりたくないことでもやらなければいけないじゃないか。下げたくもない頭を下げて、言いたくもないおべっかを使わないとうまく人生を乗り切れないじゃないか」という人もいるかもしれません。

しかし、本当にそうでしょうか?

下げたくもない頭を下げてなどとよく言いますが、そこで頭を下げる理由があるからその人は頭を下げているはずです。理由があるなら下げるのは当たり前でしょう。そういう当たり前のことになぜ、文句が出てしまうのかといえば、そもそもやりたくないことをやっているからです。

原因は「やりたくないことでもやらないといけない」ではなく、最初の時点で「やりたくないことを選んでいる」ことなのです。

では、なぜ、やりたくないことを選んでしまうのか?

それがさきほどから言っている「我慢と辛抱」の刷り込みがあるからです。

子どもの頃から我慢だけを教える日本の教育

我慢と辛抱を礼賛する教育を日本では小学校からしています。

その証拠が「勉強」という言葉です。現在、この言葉は学習を意味しますが、本来勉強という言葉には学ぶという意味も習うという意味もありません。

それもそのはずで、勉強の語源は「勉めて強いる」の字のとおり「無理して努力する」という意味なのです。いまでも関西の商人が「勉強しまっせ」というふうに使用しているようですが、それが本来の正しい使い方なのです。

それがなぜ、学習するという意味に変わってしまったのか？

それは子どもたちに学習を勉めて強いていたからです。文句はいわずに勉強しろ！　一に勉強、二に勉強、三四がなくて、五に勉強とやっていたから、学習が勉強に取って代わってしまったのです。

本来、何かを学ぶことは刺激的で楽しいことです。それをわざわざ「勉めて強いる」勉強という名を付けて強制することで、学ぶよりも我慢を強いる教育が始まってしまったのです。

こうして日本の教育は、子どもの頃から学習よりも「勉強」を叩き込むことで、我慢と忍耐こそが美徳とする考え方を染み込ませていったのです。

この「我慢と忍耐」の教育はいつ始まったのでしょうか？

少なくとも江戸時代ではなかったようです。というのも明治の初期にはまだ勉強という言葉は勉めて強いるの意味だったからです。

勉強が学習を意味するようになったのは、明治の中頃ぐらいではなかったかと思われます。というのも、『和文英訳模範』という明治四五年に発刊された書物に「落第するといけないから精出して勉強しなさい」という例文が載っているのです。この例文の勉強は明らかに学習の意味ですから、これ以前には勉強イコール学習がポピュラーになっていたはずです。

明治は戦争の時代であり、徴兵制が日本に始めてできた時代でした。そういう時代に、学習が勉強という言葉に取って代わられたというのは、とても意図的なものを感じます。

高エフィカシーカルチャーを日本に導入する

日本人の我慢と忍耐を美徳とする精神を代表する勉強という言葉。これは日本のもともとの習慣でもなければ、美徳でもありません。明治時代に、ときの政府が意図して導入したものでした。

わずか一〇〇年ほどの歴史しかない、我慢と忍耐を礼賛する文化をなぜ、現代の我々が後生大事にする必要があるのでしょうか？

逆に、積極的に否定していかなければいけないものなのです。

というのも、この「我慢と忍耐が美徳」の刷り込みは、成人してからも消えることはなく、あなたがやりたいことをやろうとすると、心の中に罪悪感や劣等感、落ちこぼれ感を生じさせます。

しかも、この刷り込みの恐ろしい点は、他人が好きなことやろうとするのを見た時にも、批判したり、蔑んだり、邪魔をしたりしたくなってしまうことです。

自分がやりたいことをやらないだけならば、百歩譲ってそれは自分の選択でしょう。しかし、やりたいことをやろうとする他人の足を引っ張るというのは罪悪以外の何物でもありません。

結局、好きなことをしないように監視し合う世界に住んでいるために、日本では「人生の選択の自由度」が低いのです。

こんな世界にいつまで住んでいるつもりですか？

一刻も早く、抜け出すことが肝心なのです。

では、一刻も早く抜け出すためにはどうすればいいか。それが高エフィカシー社会の実現です。

エフィカシーとは自分の能力に対する自己評価のことで、このエフィカシーを高く維持する人が増えれば、日本でも「人生の選択の自由度」は高まっていくのです。

他人に自慢できるようなことなどないという刷り込み

私たちは本当はやりたいことをやりたいだけやれる社会に住みたいはずです。しかも、それをすることでお互いを高く評価できる社会に住みたいでしょう。

これはつまり、互いを褒め合う文化の中で暮らすことがベストということです。

周りの空気を読まないと爪弾きにされるKY社会、権力者の意向に沿ってこちらが先回りして動かなければ抹殺される忖度社会など、本当は御免こうむりたいはずなのです。

足の引っ張り合いではなく、褒め合う文化を作り出せば、私たちの幸福度は間違いなく高まるでしょう。

皆さんだって本当に住みたいのはそんな社会ではないでしょうか。

もちろん、私が目指しているのもそんな社会です。

では、それを実現しようではありませんか。

そのために必要なものが高エフィカシーです。社会の構成員が全員、自己能力の自己評価を高めることで、その社会は実現します。

しかし、ここで多くの人がつまずく点があります。それは「自分の能力がそれほど高くないのにどうやって自己評価を高めればいいのか」という点です。「自分にはこれといった実績もない。何か優勝したとか、トップの営業成績を取ったとか、他人に自慢できるようなものなど何も持ち合わせていないのに、自己評価を高めることなどできない」というものです。

でも、それは話が逆なのです。

自己評価を高めていないから、他人に自慢できるような実績がないのです。どんな人でも他人に自慢できるようなことを何かしら持っています。ところが、多くの人はそれに気づきません。気づかないというよりも、勉強社会で育った人間は、それに気づかないように指導・教育されています。「そんなものに気づいて、自己評価を高めているヒマがあったら、我慢と辛抱を覚えろ」というのが勉強社会の教えです。

ですから、自己評価を高めることなんかできないとどうか思わないでください。あなたはいますぐにでも自己評価を高めることができるのです。

そして、そのためのやり方だってあるのです。

高エフィカシーを得るための技術

いまの日本人に足りないものは、自分の能力を自分で肯定的に高評価する高エフィカシーの技術です。

いまここで技術と言ったのは、心の使い方として理解してしまえば、簡単に習得できるという意味を込めています。多くの日本人に足りないのはちょっとした心の技術なのです。このことを理解してもらえば高エフィカシー社会の実現は一気に早まります。

さきほども言ったように、日本が勉強社会になったのは明治に入ってからのことでした。しかし、その前の数百年間、日本はそんな社会ではなかったのです。それを明治政府はわずか二、三〇年で勉強社会に変えてしまいました。

ということは、元に戻すのも二、三〇年あればできるということです。いえ、日本はもともと勉強社会ではなかったのですから、元に戻すのはもっと短い時間でできるでしょう。

その元に戻す方法が高エフィカシーを会得することなのです。

そして、そのやり方で大切なことは「言葉」です。

といっても他人に対する言葉遣いを変えようという話ではありません。あなたがあなた自身に対して発する言葉を変えることで、あなたは自分の能力を肯定的に評価できるような人間になれるのです。

セルフトークを変えればあなたは劇的に変わる

私の盟友ルー・タイスは世界最高のコーチとして知られていますが、彼は常々、「言葉がその人の人生を変える」と語っていました。

あなたの普段の言葉があなたの行動を縛ることもあれば、解放することもある、ということです。普段の言葉とは、会社の同僚や友達などと話している言葉もそうですし、起こった出来事に対してあなたがどう思うかもそうなのです。

人との会話だけでなく、あなたの感じたこと、頭の中で思ったことも「言葉」となってあなたに刷り込まれるのです。

例えば、あなたが学校や仕事で何か失敗や失態をしたとしましょう。そんな時に、「やっぱり私ってダメだな」と思ってしまうのは大問題です。

たとえ心の中で思ったことであっても、それは言葉としてあなたの脳に刷り込まれます。

また、往々にしてこういう人は、失敗したことを何度も思い出して「なぜ、あの時、あんなことをしたんだろう。本当はこうすれば良かったのに」と後悔します。そして、後悔の最後にはまた「私はなぜ、こんなにダメなんだろう」と思ってしまいます。実は、こういった記憶の反芻《はんすう》は失敗経験を何度も繰り返していることと同じです。

しかも、失敗したことを思い出すたびに、あなたは自分を傷つけるだけでなく、「自分はダメなんだ」という刷り込みを行う結果になってしまうのです。「自分はダメだ」というネガティブな刷り込みを繰り返されたら、どんなに優秀な人間であっても、自信を喪失し、自分の能力を否定するようになってしまいます。

実際、親や教師から何度もダメだ、ダメだと言われて育った子どもは自分に自信を持つことができません。これは皆さんの経験的にもわかるでしょうし、統計的にも有意です。「自分はダメだな」と思ってしまう人は、そのダメ出しを自分自身でずっと繰り返し行っているのと同じだったのです。

この自分自身に対して言う言葉をセルフトークといいます。

このセルフトークをネガティブなものではなく、ポジティブなものに変えれば高エフィカシーは実現するのです。

セルフトークをネガティブからポジティブに変える

セルフトークをネガティブからポジティブに変えるとはモノの見方を変えることを言います。悪い面ばかり見ていないで、良い部分にも目を向けるということです。

例えば、入社して初めてプレゼンテーションを任された時、多くの人は緊張するでしょう。二度目も三度目も緊張してしまいます。もう緊張しないようにしようといくら頑張ってやっぱりダメです。

なぜ緊張しないようにできないのかといえば、それが普通だからです。極度のストレスが身体にかかれば、人の身体は緊張するようにできています。

ですから、緊張することを否定してはいけません。そんなことをするよりも事実を正面から認識するべきなのです。

そもそも、プレゼンで緊張するのは失敗したらどうしようか、といった不安があるからでしょう。しかし、その不安の裏側には選ばれし者の恍惚だって必ずあるはずです。そこに立つことで味わえる緊張はほかの誰にも味わうことができない選ばれし者の恍惚と不安がまざったものなのです。

それを理解できれば、緊張することが誇らしく思えてくるはずです。

ルーの著書『アファメーション』には、はじめてマスターズ・トーナメントに出場した時の名プロゴルファー、グレッグ・ノーマンの逸話が書かれています。一番ホールのティーショットを終えた時、ノーマンは師のジャック・ニクラウスから「初めてマスターズのティーグラウンドに立った感想は？」と聞かれて「もう死にそうだったよ。ひざがガクガク震えて凄く緊張した」と答えたそうです。するとニクラウスは「その感覚たまらないだろう？」と言ってニッコリ笑ったそうです。緊張感はもとより恐怖心などどんな感情でも味方にすることはできるのです。

これが物事の良い面を見るということです。

ただし、ここで間違ってほしくないのは、良いほうに「解釈」しましょうと言っているわけではない、ということです。「解釈」は、どこか自分を偽って必死に「こういうふうに思おう」と努力する時のもので、要は自分に対するウソですから、逆に非常に悪いセルフトークになってしまいます。

解釈ではポジティブにはなれない。事実をしっかり見ることが大切

解釈を使った悪いセルフトークの代表がコップの水をもう半分だと思うか、まだ半分だ

と思うか、というたとえ話です。

半分の水はどこまでいっても半分であり、どう解釈しようと勝手ですが、それで気持ちが変わるぐらいならば、そもそもネガティブな思考の持ち主とは思えません。

重要なのは解釈ではなく事実です。つまり、コップの水は半分だとしっかり認識することです。だからこそ、その半分を大切にすることもできれば、潔く要らないと思うことだってできるのです。また、コップだけは割らないようにしようと思うことだって可能です。やけっぱちになってコップを割ったら、もしも、次に水の配給があったり、雨が降った時に水を受ける術が減ってしまいます。

解釈では物事は何も変わりません。事実を冷静に受け止めて、ポジティブな面に目を向けて、そこを足がかりにすれば、自分に対する説得力が大幅にアップします。大切なのはここです。説得力のある言葉で、自分自身を鼓舞することがポジティブなセルフトークを行う上で肝要なことです。

反省と改善こそがネガティブの元凶

ところで、さきほど選ばれし者の恍惚と不安の話をしましたが、その時に「いや、選ばれし者の不安とか恍惚なんて自分には関係ない。私はそもそも選ばれないから」と思った人はいますか?

もしもいたら、その考えはすぐに捨ててください。これがまさにいま言ったばかりのネガティブなセルフトークの典型です。

「どうせ自分は選ばれない」などと自分で自分に言い聞かせてどうするつもりですか?そんなことをしているから、自信を喪失してしまうのです。

ともかく自分を否定する言葉は今後一切言わないと決めてください。言葉に出してもいけませんし、心の中のセルフトークでも禁句です。

そのためには、いまからいうことを絶対に守ってください。

それは「反省」や「改善」をもうしないということです。

「えっ、反省や改善こそ大切なんじゃないか?」と思った人もいるかもしれませんが、反省や改善は現実的にはあまり意味のないことです。

確かに、一度目の反省は意味があるでしょう。なぜ、失敗したのか、その原因を探り、二度と繰り返さないように対策を練っておくというのは重要なことです。

しかし、ネガティブなセルフトークを好む人はこの「反省」を何度も行います。しかも、直近の失策だけでなく、過去の失策まで関連付けて、「ここでもダメだった。あそこでもこれで失敗した。私ってなんてダメなんだ」というふうに、自分のダメさを強化することばかりしています。それはもはや反省ではありません。もちろん、改善という名の反省も同様です。

過去を振り返る必要はないのです。どうしても振り返りたければ、それは分析のために一度だけで十分です。何度も繰り返すと、前述したように、ネガティブイメージの刷り込みになるばかりで百害あって一利なしです。

日本人は反省が好きですから、この部分は特に強調しておきますが、ネガティブ・ファクターに目を向けてもあまりいい結果は期待できません。

短所を矯正するよりも長所を伸ばす。

そこに力を入れるほうが人は大きく成長できるのです。

そもそも失敗は悪いことではない

そもそも失敗は悪いことではありません。

私たちがなぜ失敗するかを考えてみてください。失敗の原因は経験不足であることが圧倒的に多いはずです。練習が足りなかったとか、理解が浅かったといったことが経験不足の意味になりますが、それが一体何だというのでしょうか？

欧米社会では起業に失敗して自分の会社を潰した人間を、会社を潰したがゆえに信用します。それは、失敗の経験から会社経営の勘所を学んでいるだろう、という判断です。

要はチャレンジしたことを評価し、チャレンジしたからこそ得たであろう経験を重要視するのです。

また、チャレンジャーたちはその経験を強くアピールもします。

日本は逆です。

会社を潰したら、その人は会社経営に向かないと判断され、次のチャンスがなかなか与えられません。チャレンジよりも現状維持を是とする社会です。

現状維持を是とすれば、失敗は悪いことです。いえ、チャレンジそのものが悪となるでしょう。現状を壊しているのですから。

しかし、もしも、一度も失敗したことがない人間がいたとしたら、それは挑戦していないからです。これまで通りのことをこれまで通りに行っていれば、通常は失敗などしません。

つまり、日本が失敗をダメな証だとするのは、これまで通りのことをこれまで通りにやることを是としている社会だからです。

その社会は現状維持社会ですからチャレンジなど必要ありません。チャレンジが必要ない世界では失敗はあってはならないものです。だから、日本の社会では失敗は悪とされるのです。

しかし、その現状維持社会では、当然ながら選択の自由はありません。決められた通りにやるのが正しいのですから、個々人が勝手な選択をしていいはずがないのです。

だから、人生の選択の自由度が低下し、幸福度も下がっていくのです。

すべては、失敗を悪とする社会が元凶なのです。

いいえ、もっと言えば、「失敗」という言葉そのものが間違っています。「失敗」ではなく、「挑戦」です。「挑戦」というポジティブな行為を「失敗」というネガティブなセルフトークにねじ曲げているから、日本の社会がねじ曲がってしまうのです。

やはり、大切なのは言葉でした。

ポジティブな言葉を使って、物事のすべてを表現するのです。

勉強ではなく「学習」。

失敗ではなく「挑戦」。

正しい言葉が使えるようになった時、私たちは変わりますし、日本の社会も変わっていくのです。

人間は本当に死ぬのか？

さて、本書の冒頭で、私は「人は必ず死ぬ」と書いていますが、どうやら最近はそれが怪しくなってきました。

ＡＩ技術の進化により、脳の情報をコンピュータに移植することで、人が「情報」として存在できる可能性が高くなっていることがひとつあります。

さらに、注目されているのがクローン技術です。これは現実的というよりは、実用段階に近づきつつあります。

いまから約二〇年前、クローン羊のドリーが出現して以降、体細胞移植技術を使って牛や豚、犬、猫、ネズミなどのクローンが次々と誕生しましたが、ついに昨年（二〇一七年）、クローン猿が中国科学院の神経科学研究所で誕生しました。二匹はチョンチョン（中中）、ファアファア（華華）と名付けられ、研究論文が発表された今年の一月の時点で二ヵ月以上生きています。

これによって人間のクローン誕生がかなり現実味を帯びてきたわけですが、それ以上に移植用の代替臓器の実用化が加速するでしょう。特に、中国では人間のＤＮＡの編集について、他国のような倫理的制限はほぼゼロですので、クローン臓器技術は一気に進むことはまず間違いないでしょう。

そうなると、対抗上、他国でも猿を使った研究を行われるようになるだろうし、倫理的制約はますます有名無実化していくと思われます。

人工臓器が普通になれば（といっても富裕層にとって「普通」という意味ですが）、人間の寿命は二〇〇歳、三〇〇歳が当たり前になるはずです。やがて人間そのもののクローン作成への抵抗もなくなり、人間の寿命は本当に限りなくなってしまうかもしれません。人間が未来永劫生きられるとなった時、私たちは新たな「生」と「死」について考えなければならないでしょう。

人は死なないかもしれない。しかも、富裕層だけが死なないかもしれない、究極の差別社会。普通の人にとってはディストピアのような世界が到来しそうな時に、あなたは、どう生きるべきでしょうか？

死なないかもしれない世界の中で、自分の機能を見つける

死なないかもしれない世界で人はどう生きるのか？の答えは簡単。「好きなように生きる」です。

もう一度、よく考えてください。

臓器移植ができない、あるいは自分のクローンが作れない一般庶民は、これまでどおり、限られた時間の中で生きていきます。その場合、「どうせ、オレの時間なんか限られているんだから好きなように生きてやる」という若干、やけっぱちになる時期もあるかもしれませんが、限られているからこそ、好きなことを精一杯やるようになるでしょう。

一方、二〇〇年、三〇〇年生きる、あるいは半永久的に生きる富裕層はどうでしょうか？

実のところ、限られた生を持つ人間と何も変わりません。寿命が長くあろうと、それこそ永久であろうと、自分の好きなことをして生きていなければ、楽しくないからです。

結局、死があろうとなかろうと、人は好きなように生きることが一番であり、それ以外に生きる道はないのです。

私は本文の「おわりに」で書いているはずです。

「過去も未来も妄想です。あなたに与えられた時間は、いま、現在というこの一瞬だけです」と。

限られた時間でも永遠の時間でも、一瞬は一瞬なのです。そして、

「この一瞬一瞬を意識し、生きていることを実感して、自らの選択で自らの機能を果たす

こと。それだけが死への恐怖や悩みを忘れさせ、あなたの人生を輝かせてくれる唯一の方法なのです」と。

あなたの人生を輝かせてくれる唯一の方法とは、死があろうと、なかろうと、何も変わらないのです。

「自らの選択で自らの機能を果たすこと」であり、それが好きなように生きるということです。

であるのに「好きなように生きない」ということは、一瞬も生きていないのと同じです。死とはまさにこのことです。

「好きなように生きる」ことだけで本当の意味で「生きている」こと。

これを胸に刻んで生を堪能してください！

［著者プロフィール］

苫米地 英人（とまべち・ひでと）

1959年、東京生まれ。認知科学者（機能脳科学、計算言語学、認知心理学、分析哲学）。計算機科学者（計算機科学、離散数理、人工知能）。カーネギーメロン大学博士（Ph.D.）、同CyLab兼任フェロー、株式会社ドクター苫米地ワークス代表、コグニティブリサーチラボ株式会社CEO、角川春樹事務所顧問、中国南開大学客座教授、苫米地国際食糧支援機構代表理事、米国公益法人 The Better World Foundation日本代表、米国教育機関TPIジャパン日本代表、天台宗ハワイ別院国際部長、公益社団法人自由報道協会 会長。
マサチューセッツ大学を経て上智大学外国語学部英語学科卒業後、三菱地所へ入社。2年間の勤務を経て、フルブライト留学生としてイエール大学大学院に留学、人工知能の父と呼ばれるロジャー・シャンクに学ぶ。同認知科学研究所、同人工知能研究所を経て、コンピュータ科学の分野で世界最高峰と呼ばれるカーネギーメロン大学大学院哲学科計算言語学研究科に転入。全米で4人目、日本人としては初の計算言語学の博士号を取得。帰国後、徳島大学助教授、ジャストシステム基礎研究所所長、同ピッツバーグ研究所取締役、ジャストシステム基礎研究所・ハーバード大学医学部マサチューセッツ総合病院NMRセンター合同プロジェクト日本側代表研究者として、日本初の脳機能研究プロジェクトを立ち上げる。通商産業省情報処理振興審議会専門委員なども歴任。現在は自己啓発の世界的権威、故ルー・タイス氏の顧問メンバーとして、米国認知科学の研究成果を盛り込んだ能力開発プログラム「PX2」「TPIE」などを日本向けにアレンジ。日本における総責任者として普及に努めている。著書に『仮想通貨とフィンテック～世界を変える技術としくみ』（サイゾー）、『「感情」の解剖図鑑：仕事もプライベートも充実させる、心の操り方』、（誠文堂新光社）、『2050年 衝撃の未来予想』（TAC出版）など多数。TOKYO MXで放送中の「バラいろダンディ」（21時～）で木曜レギュラーコメンテーターを務める。

苫米地英人 公式サイト http://www.hidetotomabechi.com/
ドクター苫米地ブログ http://www.tomabechi.jp/
Twitter http://twitter.com/drtomabechi (@DrTomabechi)
PX2については http://bwf.or.jp/
TPIEについては http://tpijapan.co.jp/
携帯公式サイト http://dr-tomabechi.jp/

苫米地英人コレクション6
「生」と「死」の取り扱い説明書

2018年11月1日　初版第一刷発行

著　　者　　苫米地英人
発 行 者　　武村哲司
発 行 元　　株式会社開拓社

〒133-0023 東京都文京区向丘1-5-2
電話 03-5842-8900（代表）
振替 00160-8-39587
http://www.kaitakusha.co.jp/

印刷・製本　中央精版印刷株式会社

ISBN978-4-7589-7056-3